Algunas verdades y uno que otro cuento

Algunas verdades y uno que otro cuento

Luis Enrique Bolívar

Luis Enrique Bolívar

ISBN: 978-1-291-03645-9

ID contenido: 13130736

Edición del libro y diseño de portada: Luis Enrique Bolívar

Foto de portada: Chucho Zavala

Prologo

Para los adultos contemporáneos venezolanos que vivimos lejos, leer a Luis es parte del cordón umbilical con la cotidianidad de la Patria Mejma que dejamos atrás y que sólo los que quedaron en casa, aun se *tripean.* Luis se ha convertido en el Cronista Pana de la Generación X, un Folklorista Urbano, el Juglar de los Exiliados.

Su pluma virtual, llena de la picardía criolla de estos tiempos, nos transporta con sencilla familiaridad desde de una magna Graduación Universitaria o Boda de la "Jai Sosai" hasta las aventuras motorizadas de Maikel Jefferson intentando levantarse (o acostar) a la sifrina Pelusita.

Desde que Luis comenzó a compartir sus historias a través de las redes sociales, me convertí en una fiel seguidora de sus escritos. Los que disfrutamos de su lectura esperamos con ansias sus comentarios acerca de cualquier hecho de actualidad que este en boca del colectivo venezolano. La trascendencia del tema es lo de menos…es cómo ve Luis el asunto y la candidez con que lo narra, lo que nos obliga a presionar ME GUSTA cada vez que -muertos de risa- nos devoramos sus Notas. Algunas Verdades y Uno que Otro Cuento, hacen que su Muro de Facebook sea referencia obligada para todos aquellos que queremos rencontrarnos con el anecdotario nacional contemporáneo.

Siempre lo he animado a seguir escribiendo. A hacerlo en broma y a hacerlo en serio…escribir, me refiero. Ahora me doy cuenta de mis razones eran más bien egoístas, que solo lo hacia guiada por mi glotonería (los que me conocen saben que no es de extrañar), por querer nutrirme de humor inteligente (lo cual tampoco extraña).

Por años he bromeado con ser la Presidenta de su Club de Fans, luego comencé a *meterle casquillo* para que se "pusiera serio", compilara y publicara sus escritos. He propuesto títulos para el supuesto libro que "algún día" publicaría. He difundido sus geniales creaciones entre mis amigos sin su consentimiento (ni el de Luis, ni el de ellos)...es decir, lo he "pirateado" pues. Y no se hagan los pipirisnais, ustedes que jamás han escuchado un CD quema'o!

A principios de este año, recibí una llamada de Luis y como siempre, sin saber si hablaba en serio o en broma, me conto que había decidido compilar sus escritos y me pidió que escribiese el Prologo a este compendio de historias. Conociendo al personaje, pensé que por supuesto, me estaba vacilando; así que mas rápido de lo que tarda Alicia Machado en volver a meter la pata…accedí a la tarea.

A medida que Luis hablaba, me repetía a mi misma: "ésta es una promesa más de Año Nuevo, tan falsa como mis dietas, que no duran ni a la llegada de los Reyes Magos". Pero Luis seguía hablando del proyecto y ya no me daba tanta risa. De hecho, se me estaba sudando la frente y volvía a aparecer aquel dolorcito de barriga de cuando el profesor de Estadística me agarraba fuera 'e base: "a ver Storey, ¿que opina Ud. de…?". Para ser honesta, en Estadística, nunca estuve en base.

Casi al final de la llamada, capte que la vaina iba en serio. Colgué y me dije: "este tipo va a publicar, en mi vida he escrito un Prologo…¿y ahora que hago?".

Ya era tarde: no me podía echar pa'tras. Y es que atrás –literalmente- la cosa no andaba nada bien. Había entendido el origen del "palo 'e gallinero".

Así que como buena Graminius Vocalis (habla paja) que soy y conocidos ya mis antecedentes piratísticos, eché mano de Google, Wikipedia y cuanto antro cibernético de consejos literarios hay por ahí para aprender del asunto. Y aquí esta, esto es lo que hay.

Al comienzo pensé que Luis me había ofrecido el Prologo como premio de consolación porque en el fondo, siempre he querido escribir como el y este honor me haría sentir importante. Pero luego me di cuenta que de su verdadera intención era llegar al número mínimo de palabras que le pedía la Editorial.

Dada la seriedad (?) de la obra en cuestión, así como la personalidad del autor, no creo que le importe si el Prologo es otra joda mas.

Leer a Luis, es disfrutar de un pana echando un cuento. En un lenguaje que solo los venezolanos entendemos sin necesidad de interpretar mas allá de lo que es, de lo que somos. Luis tiene la habilidad de hacernos reír de nuestras desgracias y de presentarnos una Venezuela a la que, con todo y aporrea(da) nos provoca volver.

Apreciados lectores (y lectoras), saquen ustedes sus propias conclusiones acerca de un autor quien confía la introducción de su obra prima a una persona que le ha pirateado el libro sin haberlo publicado aún.

Me preocupa, que de tanto compartir sus escritos con mis amigos (muchos en común con Luis) ,ya toda la posible clientela se los haya leído y nadie le compre el libro!

De todas formas, si no lo consiguen porque se agotó, porque lo recogieron, porque lo expropiaron o porque le paso la Ley Resorte, avísenme, que yo debo tener por ahí una copia digital y se las hago llegar. Como diría Pelusita: "Coye, que te puedo decir?"

Jennifer Storey
Weston, FL, E.E.U.U.
Junio 2012

La gente despistada

En esta oportunidad voy a dejar de opinar sobre nuestro incomprendido mandatario y su más incomprendido (o incomprensible) aun, proceso revolucionario. He descubierto que escribir sobre ello, me genera un placer que raya en lo morboso, pero ¿como te lo explico?. El mismo es una musa de capacidades infinitas (o hasta el 2012, lo que ocurra primero!!).

Anyway….quiero hacer unos comentarios sobre un tema que me parece digno de escudriñar, por el impacto que ha tenido en nuestra dinámica como sociedad y es el hecho de compartir nuestra cotidianidad con gente despistada.

Estos mortales tienen una condición llamada FFTS (Fallen from Tree Syndrom por sus siglas en inglés) o en su traducción al español…síndrome del caído de la mata. Esta condición puede estar presente segundos, minutos, horas, días, meses e incluso años dentro de nuestro cuerpo, afectando en mayor o menor cuantía nuestra vida. Este se debe a una mutación genética presente en el cromosoma 25.

Todos nosotros hemos experimentado un momento de despiste en alguna etapa de nuestras vidas, pero hay personas que capitalizan esa condición y pueden enfocarla hacia dos vertientes:

La primera, en donde la condición da como resultado inventos maravillosos que han incrementado notablemente nuestra calidad de vida, un ejemplo de ello es el descubrimiento de la Penicilina por ese despistado llamado Alexander Fleming en los años 20 del siglo pasado.

Pudiera citar varios ejemplos, pero quiero enfocarme en la segunda vertiente, y es aquella en donde el despiste propiamente dicho ha desembocado en tragedias dignas del pueblo helénico y nos ha privado de momentos mágicos y placenteros para la humanidad.

El primer despistado de la historia fue Adán…si, si, Adán, el primer mortal, (porque así lo quiso el muy pendejo!). El carajo fue modelado por las manos del Creador y vitalizado por su aliento divino, no conforme, fue puesto en el Edén mismo para que disfrutara a sus anchas, pero…

Una tarde cualquiera, vino el Ser Superior, que todo lo sabe y todo lo ve y decidió que Adán no podía estar solo en el mundo y quiso darle una compañera. Hasta aquí todo va bien…pero por qué coño no continuó con la técnica del modelado, es que acaso se acabó la arcilla? El Altísimo decidió introducir una técnica altamente invasiva, que consistía en sacarle al incauto una costilla, y derivar de ella otro ser.

El Creador decide intervenir a Adán durante la siesta de este, después de un arduo día de trabajo (¿haciendo qué?, No lo sé, a lo mejor jugando dominó con un león…). Descartando el hecho de que Adán tuviese un umbral de dolor e insensibilidad arrechísimamente alto, porque no concibo la idea de una remoción de costilla así sin anestesia, sin que el paciente emitiera un grito desgarrador. Cooooño e´ tu madre, tu no sientes que te están abriendo el cuerpo!!!. ¿En qué carajo estabas pensando en ese momento?.

¿Quien toma una siesta en el paraíso? ¿Alguien me lo explica?. Me imagino que ante la ausencia de bisturí, escalpelo, y demás instrumental, el médico (léase Papa Dios) tuvo que echa´ diente y uña pareja, como quien se come un guacal de mandarinas en una prueba de Survivor en Petare. En el escenario hipotético que hubiese sido así, no me queda más remedio que concluir que el carajo padecía de FFTS, porque no concibo la idea de un alguien que al verse reflejado en el agua, no vea que tiene una cicatriz descomunal y una cintura asimétrica.

Lo demás es historia…tu sabes, la serpiente, la tentación, la manzana, el sufrimiento, la nueva condición de mortales. Que distinto hubiese sido todo, si no hubiese sido por este despistado.

Otro caso de despiste corresponde a un ser humano que pudo ser y no fue, y no es más que la pendeja de la canción *El Ultimo Beso*. Solo a ese individuo se le ocurre no hacer algo mientras el inconsciente del chofer se dispone a leer mientras maneja, ir a más de 100 cuando la velocidad máxima permitida es de 90 Km/hora según el INTTT, no conforme con ello, permitir que se pasaran un letrero de desviación.

Todavía me pregunto, ¿que carajo le viste al sujeto?, ¿que labia barata te metió?, porque preso en Tocuyito debería estar por homicidio culposo. La caraja con desprendimiento de órganos internos, politraumatismos y aun con minutos de vida, tiene los santos ovarios de decirle al animal del chofer:

"…EL ha querido separarnos hoy". Es aquí donde completo la frase y digo: Agárrenme coño porque le doy!!!!. Encima de despistada, bolsa!!.

¿Qué zipote te venía diciendo y/o haciendo en la vía, que fuiste tan permisiva con él?. Seguro que era un mariquito hijo de papi y mami, con una Autana y sucumbiste ante el poder de unas patas BF Goodrich y un magazine Pioneer con Daddy Yankee a toda mecha. Calculo que la occisa tendría entre 18 y 22 años cuando ocurrió la vaina. No hay derecho, pero….que pajua fuiste mujer!!!!

Pero el papá de los helados, la verga de Triana, el Gran Kahuna de los despistados es un individuo oriundo de las tierras cubanas, este ser no es más que el trovador Silvio Rodriguez. ¿Por qué?, se preguntarán muchos….bueno, por la simple razón, de que este carajo era el exclusivo dueño de un unicornio azul, y al muy guevón se le perdió!!!! Te parece poco!!!!

Santo niño de Atocha, un unicornio…y pa´rematar azul!, le hago la misma pregunta que a Adán: ¿EN QUE COÑO ESTABAS PENSANDO?

El carajo dice que lo dejó solo pastando. Con la inseguridad reinante en estos días, ¿Quien deja un animal mitológico a la buena de Dios?. Como mínimo tendría un circuito cerrado de TV y un equipo SWAT en la pata de la oreja y oliéndole los peos!!. Al segundo siguiente de haberlo perdido, ya hubiese llamado a la CIA, al FBI, Interpol y hasta a Jack Bauer para que hicieran algo!!

Solo paséense por la idea de ver un espectáculo en La Rinconada, El Teresa Carreño, El Forum o el Poliedro: El Unicornio Azul de Silvio Rodríguez, 2 funciones, entradas a la venta ya!!

! Patrocina….EEEEEVEEENPROOOOO!!

Con un show así, que Stomp, ni Cirque Du Soleil ni que Teatro Negro de Praga!!!!! Coooooño loco, Un unicornio Azul!! El carajo se hubiese hecho rico, pero noooooooo!!! Quiero pensar que el extravío obedece a que Silvio estaba ensimismado por la gárgola fucsia y el minotauro amarillo que iba recibir en los próximos días. Solo espero que en esta oportunidad, sea un poco más cuidadoso y no deje a la humanidad desprovista de esta serie de extraños pero únicos acontecimientos.

Personajes de Películas

Cuando ves las películas que están en la cartelera, ves en muchos casos tramas absurdas, personajes risibles e inverosímiles, locaciones espectaculares y una música incidental que forma parte del soundtrack, que pocas veces es digna de ser escuchada nuevamente. Esto pareciera formar parte de una receta que hasta la fecha funciona, porque no me explico como la primera semana de su estreno, una película, solo en los EEUU se recaudan más de 25 palos de los verdes. En fin….

Parte de lo risible de los personajes tanto principales como de reparto radica en los nombres que poseen, ojo! No por ello no dejan de ser interesantes, de lo contrario no sería objeto de este comentario. Claro está, hay películas que están basadas en libros, por lo tanto hay que darle crédito al autor del libro y no al escritor de la historia y/o al guionista.

Habría que hacerle una estatua a George Lucas o al carajo que lo ayudó a idear nombres como Darth Vader, Emperador Palpatine, Luke Skywalker, Princesa Leia Organa, ya que denotan autenticidad y te hacen pensar: Coño estos carajos son la verga de Triana, que nombres tan arrechos!!! Cuando te nombran a la Princesa Leia, te imaginas a un mujeron, que hace 20 vainas a la vez y encima esta explotada!!! Ni por el coño te la imaginas como a Iris Varela o Lina Ron. Una mente ociosa como la mía, se pondría a traducir los nombres al español a ver que encuentra y quizás muy en el fondo desear que los nombres significasen alguna barrabasada. Luke Skywalker significa Lucas Trotacielos…..pero coño, hasta en español el nombre es vergatario!!

Un carajo mas fumao´ que Goerge Lucas es Frank Herbert, el autor de la saga DUNE (Dunas). Para escribir la historia de ciencia ficción más espectacular que haya leído, tuvo que crear un universo no menos espectacular, con una cultura, idiomas, manías e intrigas propias de seres que viven en el año 10.000. Presumo que este señor, tenía que aspirar, comer, fumar, lamer, untarse e inyectarse cuanto alucinante existía, para inventarse nombres como El Kwisatz Haderach (?), Vladimir Harkkonen, La reverenda Madre Gaius Helen Moian (??) y el Muad´Dib el cual era el mesías de la historia. Aquí la vaina se torna mas pelua, porque estos nombres, seguramente muy comunes en Ucrania y en los cerros de Petare no tienen mayor traducción.

Sin embargo hay una escritora, que si bien no soy fanático de sus libros ni de sus películas, he visto una que otra para entender un poco su visión. Estoy hablando de J.K Rowling , la autora de la saga de Harry Potter. La caraja se inventa nombres tan rebuscados y pomposos como Colagusano (¿explicame?), Hermione Granger, Cedric Diggory entre otros. Al igual que Frank Herbert, J.K Rowling tuvo que crear un universo para darle sentido a sus historias, porque de lo contrario no tendría mayor cosa. Solo imagínate leer un libro llamado: Harry Potter y la Totuma presidencial, Harry Potter y el Consejo Comunal, o Harry Potter y el Prisionero de Ramo Verde. Y que la historia se desarrollase en Yagua, en vez de Hogwarts. Creo que los ejemplares se quedarían fríos en las estanterías de las librerías Nacho o Tecni-ciencia.

Todos estos libros y sus posteriores películas, aparte de tener a los héroes tienen a sus respectivas némesis en sus tramas, que a mi juicio es el mayor atractivo. StarWars tiene a Darth Vader y al Emperador Palpatine como sus villanos, El Señor de los Anillos tiene a Sauron y a Saruman, Dune tiene a El Barón Vladimir Harkonnen y a Glossu "La Bestia" Rabban, todos ellos con nombres y poderes vergatarios que pasan la prueba de la traducción, sin embargo, el villano de la saga de J.K Rowling tiene la peculiaridad de pasar de lo prosopopéyico a lo risible.

La caraja se inventa un personaje llamado Voldemort, un ser oscuro, con un toque inglés, malvado, siniestro, perverso, capaz de sacarte los ojos (favor no confundir con un cuervo o con un abogado), proveniente del inframundo, tanto así, que invocar su presencia te deja escalofríos, por eso prefieren llamarlo el Señor Oscuro o el Innombrable.

S-i-n e-m-b-a-r-g-o, al traducir su nombre, nos lleva a lo siguiente: Voldemort significa Baldomero. ¿Que villano que se respete se llama Baldomero?. Cuiiiiiiiidate que allí viene Baldomero!!! Que bolas!!! Tieeeeeembla tierra, que viene Baldomero!!! Entonces me pregunto: Ya va, ya va, tiempo!!!! ¿Esto es Harry Potter o el Terror del Llano?.

¿Cómo te llamas? A lo que el carajo responde.....Soy tu peor pesadilla, soy el amo del inframundo, soy....Baldomero. Aaaaaaay papá, recojan los vidrios!!! M-A-R-I-Q-U-I-T-O!!! Créeme que si en algún momento me pasa algo así, la cagada de risa sumado a la incontinencia no va a ser normal!! No me imagino a Ralph Fiennes en estos papelones.

Aprovechemos los pocos o muchos libros disponibles sea cual fuese su categoría, ya que de continuar las cosas en este país tal y como van (y si continuamos permitiéndolo) la nueva generación de escritores (si es que quedan) solo escribirán sobre historias de llano adentro, cuyos personajes tendrán nombres más parecidos a Atrabiliario González y Gumersinda Pérez, que a Paul Atreides o Anakyn Skywalker, y la Villa del Cine (El LucasFilm o Dreamworks venezolano) solo producirá historias que para nada se desarrollarán en Londres, Tierra Medía o Caladan.

Los villanos serán individuos machorros, vestidos de negro, con sombrero pelo e´guama, fuete en mano y bigote frenazo e´ bicicleta, algo así como un Darth Vader de Sabaneta y en vez de la Estrella de la Muerte, será una finca expropiada.

Independientemente de lo que ocurra, un consejo: Villano que se precie de serlo, debe tener la presencia y la actitud suficiente, como para generar un nivel de arrechera que dure las dos horas de película o el libro completo solo con escuchar o leer su nombre, y no para que te burles de él.

Dejemos eso para personas sin oficio como yo.

Mi Plan de Ataque

Tiene toda la razón mi comandante general presidente: Le recomiendo que ataquemos de una vez a los cachacos, ya basta que la oligarquía colombiana nos esté desprestigiando ante la comunidad (aunque mejor suena comuna!!!) internacional.

Este es mi plan, lo someto a su revisión por su experiencia en guerras asimétricas, museos militares y paracaídas que nunca abrieron:

Usted adelante a la vanguardia con la reserva, coloque a Evo Morales y Rafael Correa en los flancos, los cubanos atrás en la retaguardia con Zelaya. Nos vamos por la ruta de la empanada (que es una vía secreta que nadie conoce) enviamos a la armada por el eje Orinoco Apure con los 100.000 AK-47.

Enviaremos batallones cargados con huevos podridos producidos por nuestros gallineros verticales e iniciaremos un ataque sorpresa con las bacterias encontradas en los cultivos organopónicos.

Yo carculo que si llevamos 7 batallones de 8 pelotones cada uno, tendremos 52!!!!! Pelotones. Esa cifra la determiné en el curso de Estado mayor conjunto dictado por la cooperativa Misia Jacinta allá en Sabaneta. No se preocupe, que cualquier fallo en la logística Nicolás Maduro estará cual boyescao al frente del volante de nuestras unidades.

Mono Jojoy nos prestará unas caucheritas más guenas que todavía le sirven. Los seriales no pudieron ser limados por falta de lija, pero no se preocupe, que si en Estocolmo nos dicen algo, nos hacemos los suecos.

El pana Putin allá en Rusia, nos garantizó que cada Sukhoi puede derribar a 50 aviones americanos de esos majunches F22 Raptor y hundir un portaaviones como el USS Nimitz o el USS Enterprise (eso quiero verlo!!!!) antes de recargar combustible y municiones. Vamos, rodilla en tierra!!! que en el escenario hipotético que nos ganen, ponemos la otra rodilla en tierra y le pedimos perdón.

La Gente de Color

La gente de color, también conocidos como afro descendientes, el peyorativo Nigger o el más común: Negros. Este ultimo muy usado de forma cariñosa entre familiares y amigos. A quien no hemos llamado "Mi neeeeeegraaaaa!!!!" con tremendo beso y abrazo!! Claro está, hasta que nos sacan la piedra, donde la frase cobra otro significado. Todos nosotros en algún momento hemos pensado e incluso dicho: "Neeeeegro coño e´maaaaadre!!!!" Pero bueno...así somos.

Anyway…Sin ánimos de ser racista, pero hay que ver que esta raza está signada por la discriminación y el abuso sistemático desde los días de la colonia. Los carajos estaban felices en África, hasta que llegaron los romanos, con el pasar del tiempo los ingleses, los franceses, los españoles y portugueses, todos ellos no precisamente con ánimos de formar alianzas ganar-ganar.

No pretendo convertirlos en mártires ni reivindicar su causa, ya que a lo largo del tiempo han demostrado con creces de que están hechos. Políticos, Científicos, deportistas, empresarios, actores y actrices de alto perfil, tienen más melanina que el resto de los mortales.

De estos últimos quisiera hablarles más detalladamente. Hemos visto como a lo largo de los años, actores y actrices negras cobran relevancia en la pantalla grande.

Sin embargo…. (vieron que nada es perfecto!!) pareciera que todavía hay miembros del Ku Klux Klan presente en la directiva de los grandes estudios cinematográficos, porque si bien hay papeles cada vez mas importantes para los negros en las películas, son los primeros bolsas que se mueren. ¿Habían pensado en eso? Y si no se mueren al principio, en el medio o al final, quedan discapacitados, o son los culpables del peo más grande de la trama o tienen que resolver otro peo de dimensiones bíblicas!

Veamos algunos ejemplos…El chip de computadora más vergatario del mundo aparece en Terminator II y lo inventó un negro. Y pa´mas arrechera, ingeniero, clase medía alta, con familia y estabilidad económica. Resultado: muerto como un guevón!!! Si hubiese sido un actor blanco hubiese sido visto en Terminator Salvation e inclusive habrían hecho una serie derivada con él y entrevistado por Larry King o en Laura en América. ¡Qué bolas!

¿Por qué creen que Duro de Matar, se llama de esa manera y lleva tres secuelas? Muy simple, porque la protagonizó un actor blanco!!, de lo contrario se hubiese llamado "Muerete Negro" y pare de contar.

Otro caso: El Coleccionista de huesos. Denzel Washington (Léase, El negro) hace de investigador forense. ¿Se muere?...No, pero queda paralitico. Porque si se muere se acaba la película. De bolas, lo explotan para luego darle una patada por ese culo. La vaina contra los negros es sistemática, que bárbaro!!

Otro más: Daredevil. Michael Clarke Duncan (Si, otro negro) personifica al mafioso KingPin. El coño e´madre hace y deshace hasta que al final de la película, para mayor humillación lo jode un carajo ciego vestido de rojo (cualquier parecido con un malandro chavista o un fiscal del SENIAT es pura coincidencia) y le fractura las dos rodillas. Era un negro pretencioso y mardito, pero negro al fin. Solo me queda decir: Echito marre….

Pero los casos más impactantes son cuando actores negros son los Presidentes de los EEUU. Coooooño, esa vaina es sinónimo de desastre. Y si no me creen vean las primeras temporadas de la serie 24 (creo que a Palmer le tenían arrechera) o Impacto Profundo y más recientemente la última película de Roland Emmerich: 2012. Basta que un negro se siente en la oficina oval para que venga una horda de terroristas musulmanes, un cometa mamarro o una ola descomunal de 3km de altura y amenace nuestra existencia.
Así que mucho cuidado con Barack Obama!!!! Pienso en ello y de repente me entró un susto…

Crucigramas

Todos nosotros hemos dedicado algún día de la semana, ya sea en la casa o en la oficina (a veces pasa) para resolver ese invento dominguero, fruto de la inspiración (snffffffffff!!!) divina o blanquecina de alguna mente ociosa, que incapaz de llenar algún vacío existencial, decidió mortificarnos con palabras conectadas al azar. Estoy hablando de los crucigramas.

En su concepción, los crucigramas buscan sacudir los más profundos vericuetos de la mente, al formularnos desde las preguntas simples hasta las más técnicas, obligándonos a cultivar nuestra cultura general en aras de resolverlo en el menor tiempo posible.

He resuelto crucigramas complejos, en donde me ha tocado preguntarle a alguien a fin de salir de dudas, pero en aquella ocasión cuando vi que la tres horizontal era el símbolo químico de la pepa e´ zamuro, dije: esta vaina está arrecha!!

Ese domingo cualquiera iba convertirse en un día largo, pero laaaaaaaaargo, es en serio. Me propuse a completar ese piazo e´crucigrama salga sapo o salga rana.

Empecé a verlo; a digerirlo, a analizarlo, como quien analiza la operación Tormenta del Desierto o movimientos de bolsa, entonces empezó lo bueno…. Uno vertical, 5 letras: "unión de zambo con hija de cuarterón"….umm, a ver, a ver…mientras le mento la madre al creador de esta vaina, me remonto a los días en que veíamos Historia de Venezuela, en donde nos decían:

Blanco + Indio = Mestizo, Blanco + Negro = Mulato, Indio + Negro = Zambo

Descartando a los Tukis y los Yoldan y sacando al negro como factor común, tengo 2 opciones: o es otro Negro o es Tiger Woods. Lleno el espacio a lápiz por si acaso se me ocurre otra vaina.

Seguimos….seis horizontal: "Nombre del papá de los helados"…

Ummm, a ver….M-A-R-D-I-T-O, upss, no creo, me faltan 2 letras, otro…E-S-G-R-A-C-I-A-O, cabe pero no cuadra con la 15 vertical, la cual dice QUIERO, aaaagggh, ¿quiero que guevón? ¿Se mas especifico?.

Yo quiero conocer a la persona que le vende el alucinante al individuo que crea esta vaina!!!

Ya me estoy arrechando y son apenas las 10:00am, continúo en mi campaña admirable por un crucigrama completo, sigo con la 2 vertical: "Nombre de la Mamá de Tarzán"....¿Sabes que? Pregúntale a su abuela!!!!! A lo mejor es la hija del cuarterón de la uno vertical, coño!!!

Continuo con la 12 vertical, la cual reza: "Padre de Pan, semidiós griego, mitad hombre mitad cabra". Entro en paréntesis para buscar un café y pensar... ¿Que pervertido se coge una chiva? ¿O que sádica zoofílica se lo deja meter por un chivo?. Qué horror este mundo en que vivimos...todavía tengo la duda si el padre era el chivo o un humano.

Son las 2:00pm y me queda el medio y las dos orillas. La 12 horizontal me guiña el ojo, diciendo: "Nombre del Chavo del 8". Respiro lento y profundo, pero al dejar de hacerlo igual hiperventilo...estoy a mitad de camino de verter el café en el piso y romper el diario, pero me rehuso a desistir.

Pienso que estoy en un mundo bizarro, que estoy teniendo un mal sueño y que cuando despierte y me disponga a leer la prensa y proceder a revisar el crucigrama de rigor, me encontraré algo maravilloso y memorable.

Volviendo a la pesadilla de tinta y papel, la 5 vertical grita a los cuatro vientos que responda cual es la película favorita de Helen Keller, y yo digo: pero si la muy pendeja era ciegaaaaaaaaaa!!!! Esta última se la sugirió Ricardo Arjona, definitivamente!!!

Ya con la tensión arterial en 16/12 de golpe y porrazo, decido que voy a continuar hasta el final...la 12 horizontal dice: "Raza del Unicornio azul de Silvio Rodriguez" Aaaaaaaaaaaaaaaaaaggggghhhhhhhhh!!, verga, no lo se, porque al marico ese se le perdió y no pude verlo de cerca.

No me jodan!!!!, ¿Saben qué?....me divorcio de los crucigramas. Son las 5:00pm, no he almorzado un coño y no respondido ninguna!!! Creo que hay una conspiración en mi contra, donde están metidos la CIA, el FBI, los consejos comunales, Jack Bauer y el editor del diario.

De ahora en adelante, solo resolveré los SUDOKUS de la edición dominical, no creo que unos pocos números aleatoriamente ubicados puedan sacarme de quicio.

Romance del Chavista y la Oligarca. Parte I

Pareciera una canción digna de Juan Luis Guerra, pero nada que ver. Ocurrió en un momento muy bizarro (me atrevo a pensar que esto en realidad ocurre pero se mantiene en muy bajo perfil).

El, Maikel Jefferson Chourio, hijo de Genoveva Chourio, encargada de un mercal, descomunal mujer de 1,80 mts, 90 kgs, con una vozarrón capaz de opacar a Pavarotti y a Paul Potts, muy respetada dentro del barrio y por encima de todo, resteada con el iluminado de Sabaneta. Por su parte, el vástago, estudiante de la Universidad Bolivariana, 19 años, parece una vara e' puya loco, con el arquetipo propio de los basquetbolistas, jamás pensó que su vida se iba a cruzar con una personaje de la alta "arrrrcurnia" capitalina.

El carajo idolatra a Esteban, pero trabaja medio tiempo en un McDonald's al salir de clases. Estas son las cosas que no entiendo del "proceso", pero de eso escribiré en otro momento.

Ella, Pelusita Pipirisnais Kreutzberger, 18 primaveras, también estudiante pero de la "Simon", hija de Polifonio Pipirisnais y Helga Kreutzberger.

Su padre, reconocido banquero de la capitarrr, y su madre, otrora cantante de ópera y antigua hippie en sus años mozos.

Pelusita, como media humanidad la conoce, cuyo nombre de pila bautismal es más feo y rebuscao ya que es la combinación de los nombres del padre, madre, la comadre de esta, las abuelas y una amiga de la madre con quien tuvo un breve encuentro lésbico en sus días de opera; es una muchacha toda *uffj wow ultra wow*, quien jamás en su oligarca vida se ha montado en un autobús, jamás ha lavado un plato y como buena ex chica Merici, no sale sin sus amiguis María Fernanda "Mafe", María Eugenia "Maru" y Sandra "Sandris" (Coño, en serio, todas las sifrinas tienen 3 amigas con estos nombres) ni sus respectivos BlackBerry con chorrocientos contactos, de los cuales solo mantiene comunicación, con Papi, Mami, Maru, Mafe y Sandris, en fin ¿como te lo explico'

Hastiadas de una clase de derivadas, deciden al salir, comer en McDonald's.

Pelusita no lo sabe, pero ese casual encuentro que tendría próximamente, marcaria su vida, así como la de Polifonio, Helga, Genoveva y ni hablar de las amiguis, ya que por mucho tiempo serian el tema obligado de conversación en los círculos íntimos de la párvula de Pelusita y ni hablar de los amigotes del Maikel Jefferson.

Los Vampiros

Desde pequeño me ha llamado poderosamente la atención el tema del vampirismo. Quizás por aquello de que todos tenemos un lado oscuro (ese Darth Vader interno) y que solo hay que apagar las luces de nuestra mente para que esta salga a relucir. Independientemente de lo real o ficticio de la existencia de estas criaturas de la noche, logran captar nuestra atención ya sea en 2 horas de película o mejor aún, en varios capítulos de un libro.

Muchos autores han escrito acerca de estos interesantes personajes. Por ejemplo: Abraham "Bram" Stoker se inspiró en un personaje real oriundo de Valaquia llamado Vlad Tepes para escribir la historia del atormentado Conde Dracula. El carajo crea un complejo personaje que desde los inicios de la historia tiene un conflicto interno bastante interesante.

Friedrich Wilhelm Murnau nos muestra en su film Nosferatu al Conde Orlock, el típico vampiro calvo y orejas puntiagudas, ermitaño y repulsivo, frágil y reservado, pero a su vez amenazante y con el don de la ubicuidad.

Por su parte Anne Rice, hace evolucionar al vampiro dándole un toque más humano y menos demoniaco. La autora de Crónicas Vampíricas crea personajes como Lestat, Louis y Armand con fuertes identidades, pasiones, fortalezas y miserias.

Los ejemplos arriba descritos, muestran lo que ha sido, debe ser y (esperamos por siempre) será un vampiro: un carajo pálido, distinguido, sentido depredador, extravagante, atormentado, que chupa la sangre de sus víctimas.

Vemos que con el tiempo, este concepto se ha venido degradando y se observan historias más inverosímiles donde los personajes andan con su provisión de sangre, porque pareciera que les da nauseas el chupar sangre directo de la yugular. Un caso patético es el infame pseudo vampiro Blade creado por Marvel Comics. Preguntome… ¿Que coño está pasando?

Además de infame, es afro descendiente. Concluyo que tenia que ser negro para ser tan pretencioso!!! No pué sé!!

Recientemente salieron unos cuzurros provenientes de la imaginación de una tal Stephanie Meyer, que se hacen llamar vampiros pero tienen las siguientes características: No tienen colmillos y no chupan sangre de sus víctimas, porque son vegetarianos. O sea, mas antagónicos y se mueren. Es como si abrieras una lata de Pepsi y tomaras Papelón con Limón. Quejeeeesoooo!!!! De cuando acá un vampiro es vegetariano, habrase visto semejante mariquera.

Tratando de encajar a este grupo en alguno de los clanes vampíricos, léase: Gangrel (sangrientos), Brujah (políticos y filosóficos) Nosferatu (reservados), Ventrue (viciosos y traicioneros), Tremere (arrogantes y organizados), Malkavian (dementes y maquiavélicos) o Toreador (superficiales y hedonistas), y es que los bichitos no cuadran en ninguno.

Los manganzones se hacen llamar Vulturi, que al analizar la palabra, es derivativa de Vulture lo que significa Buitre. Aclaremos algo....Que buitre ni que coño. Esa ave por naturaleza es carroñera, y estos mensos son vegetarianos!!!! Pol Dios!!! Lo mas seguro es que si abres la nevera de uno de ellos encontrarás paquetes de Birds Eye Foods, K-t-dra, Aro o productos La Granja, ¿como te lo explico?.

Con razón su palidez característica...no han probado un bistec en quien sabe cuanto tiempo!!! Coño, háganle caso a Claudio Nazoa, si no pueden comer carne...cooooman hueeeevo!!!

Lo siento Stephanie, pero los Vulturi no son vampiros, son simplemente Emos, ya que los carajos andan con un existencialismo corta venas y con cara de maricos tristes por todos lados. No aspiro ni espero que compares a los vampiros con el chupacabras, pero por amor a Dios!!! (Creo que varias personas me van a caer encima después de escribir esto, pero que le vamos a hacer).

Mientras Dracula o Lestat, no pelaban una oportunidad pa´ rasparse un culito, el personaje principal de la comiquita llamada Twilight (léase, Edward Cullen) le saca el culo a la contraparte femenina (Bella Swan), por temor a matarla sin querer queriendo. La caraja ya ha pasado un crepúsculo, una luna nueva, un eclipse y posiblemente un amanecer y el carajo nada de nada.

…Con razón se buscó un lobo pa´vé si la pone a aullar.

Optimus Prime pisa Caracas

¿Y por qué no? ¡Hasta cuándo vamos a permitir que todas las naves extraterrestres lleguen solo a Estados Unidos! ¿Se han dado cuenta de esa vaina? Todas las películas donde hay una trama con alienígenas, llegan a New York o Washington. Tu no ves que lleguen a Caripito, Mariara o Boca de Aroa. ¿Por qué esa discriminación? Habría que revisar el GPS de la nave madre. Verga, ¿será que saben lo jodidos que estamos y que no tenemos nada que ofrecer?

No muy recientemente pisaron Johannesburgo, Sudáfrica en la película Sector 9, pero no llegaron los arrechos que quieren destruir al mundo, en esta oportunidad llegaron los guevones que tuvieron que esperar veintipicote de años y aguantar coñazo parejo antes de partir nuevamente a su planeta, porque se les escoñetó el percusisoplo del reactor principal y no conseguían el repuesto adecuado.

Esperar una nave alienígena en Caracas es como esperar que Silvio Rodríguez encuentre a su Unicornio Azul, pareciera imposible....hasta que un día ocurrió lo impensable. Para beneplácito de muchos y para arrechera de otros, Optimus Prime, el líder de los Autobots tuvo un encuentro cercano del tercer tipo con los venezolanos.

Si vieron la película, se recordaran que los carajos llegan como pedrá e 'loco bajo su forma cybertroniana y una vez de pie, andan como pajarito en grama buscando alguna vaina que copiar para transformarse, esta puede ser un carro, un camión o un jet.

Aquí la situación se complica un poco, porque si Optimus piensa visitar algún concesionario, le dirán que modelos NO HAAYYYYYYYYY!!! Y que tiene que anotarse en una lista de espera. El carajo tendría que irse para Tazón un lunes a las 4:00 am a ver camiones, a ver si divisa alguno que le guste. Pero hago la aclaratoria: Si estaba pensando en que va a encontrarse puros camiones International, Freightliner o Kenworth como el que usó en la película, le comento que aquí SE JODIO!! Aquí el parque de Chutos tiene más de 25 años. Que raya con Megatrón, diría!!!

Dada la situación, el carajo un poco triste camina por la ciudad observando a los caraqueños, como hablan, como caminan, como interactúan.

En este peo se encuentra con el locutor Ivan Loscher del cual decide replicar su particular voz.

Ya con voz de galán de otoño decide practicar: Hola, Soy Optimus Prime, líder de los Autobots. El carajo le dice: Cooooooooooooooño loco, yo que tu pidiese trabajo en LA MEGA, mientras llegan tus panas Ironhide, Bumblebee y el resto de los Autobots, te puedo hacer la segunda.

A nuestro querido visitante no le queda más remedio que ponerse a hablar guevonadas en la radio durante el día con Henrique Lazo, en su programa ES PRIME TIME, gracias a la palanca de Ivan Loscher en LA MEGA, aunque después de las 7:00pm se convierte en el carro de perros calientes, hamburguesas y pepitos más grande de Caracas y se ubica en Sabana Grande.

No me quiero imaginar el desnalgue en la ciudad cuando lleguen Megatrón y su combo, no sé en que se puedan transformar los Decepticons, dada las pocas opciones que la ciudad ofrece, pero de algo estoy seguro: al acabar su guerra, Caracas será MÁS inmamable para vivir.

Cuando empiezan a llegar los Autobots a la sultana del Avila, eeeh perdón, Waraira Repano, la vaina se pone heavy, porque llegaron en horas del mediodía y cayeron en zonas bastante congestionadas. Eso si...cada impacto deja un hueco descomunal (al lado de otro hueco, aclaro) en calles y avenidas. Los chavistas se alistan porque creen que empezó la invasión gringa...nada más lejos de la realidad.

Optimus Prime se entera de que corrió mejor suerte que sus compañeros, ya que Bumblebee solo pudo convertirse en vehículo de reparto de EPA, no conforme, es conducido por un malandro que le da vuelta y vuelta a un CD de salsa erótica y como Bumblebee no puede hablar, se la pasa mentando madre y diciendo vulgaridades a través de la radio, sintonizando segmentos de Aló Delincuente...ehh, quise decir Aló Presidente.

Por su parte, Ratchett, el oficial medico se convirtió en una ambulancia, pero se la pasa accidentado en el estacionamiento del Pérez de León, porque no se percató que al modelo que estaba copiando le faltaban dos pistones al motor y los cuatro cauchos. Sin comentarios...

Jazz, el lugarteniente y el más exquisito del grupo solo pudo convertirse en un Corsa tuneado y se la pasa picando en la Cota Mil, después nos enteramos que cambió su nombre a Reggaeton. Gózatelo el mio!!!

Ironhide, el especialista en armas, se la pasa arrecho porque no lo pelan en un operativo de desarme. Ahora anda con totumas llenas de piedras así como cuatro fondas. No le quedó más que convertirse en pickup de PDVAL y en las noches se le ha visto con los tupamaros. Llévatelo!!!

Por su parte Megatrón está congelado a tres mil quinientas cuadras llaneras de Caracas (léase, el polo norte) sin percatarse del infierno que están viviendo sus archienemigos. Creo que Starscream, Bonecrusher y el resto de los Decepticons fueron mas inteligentes y permanecen ocultos y camuflados en alguna ciudad de este país....habrá que esperar después de las elecciones del 7-O. Amanecerá y veremos....

Los 30

Y no me refiero al terminal que saldrá mañana en la Lotería de Caracas o la versión de bajo presupuesto de la serie "Los 4400". Nada de eso. Me refiero a esa etapa de la vida de cualquier mortal sujeta a muchas presiones sociales y prejuicios necios. Estoy hablando de los treeeeeeeeeeeeeeeeeeeeeeinta (Favor imaginar una escena lúgubre con Carmina Burana como música de fondo y la voz de Vincent Price) como tiempo de vida transcurrido desde que tu madre te parió y te puso en este mundo, hasta el sol de hoy!!!

Si bien esta década no se asimila hasta llegados los 32 años, te la viven tallando desde que tienes 28...."Ya vas a cumplir 30", "te falta poco", "te tas poniendo viejo" y demás mensajes que van bombardeando tu mente. Los veinte te regalan 2 años más para que asientes en tu mente, espíritu y corazón la idea de que viene una época bien interesante pero nada manguangua. Ya a los 33 viene la crucifixión. Y si no me creen, ahí tienen a Jesucristo.

Pero el hecho no es cumplir 30 sino aguantar la ladilla (la vaina ya parece una venganza de lo seguido que lo hacen) de familiares y amigos (sobretodo los primeros) que plantean preguntas como: ¿Y cuando te vas a casar?.

Claro está, si tienes tiempo que no ves a alguien, júralo que te lo encuentras en Farmatodo (créanme, siempre te encuentras a alguien allí que no veías en años!!), y al verte te pregunta: ¿Y te casaste?, ¿Tienes chamos?. Si respondes negativamente, te miran feo y te dicen: ¿Y pa´cuando lo vas a dejar?

Ojo!! Y es que esto no exclusivo de nosotros los hombres, sino que aplica también a las mujeres, pero en su caso, sin la menor clemencia, piedad o consideración. Tu sabes, la presión social, el cuento de "vas a perder el autobús" y demás guevonadas.

Analicemos la vaina, porque si bien el sol sale para todos, hay quienes se broncean primero que otros, a saber:

Un hombre soltero en sus 30´s, es un carajo que ha tenido la mujer que ha querido, no rinde mayor cuenta de lo que hace, se presume estable y profesional, que a lo mejor estuvo casado y debido a una mala experiencia, no desea volver a cometer el mismo error. Así de sencillo.

Por su parte una mujer soltera en sus 30´s, es una tipa que en algún momento tuvo 24 y conoció a su príncipe azul al salir de la universidad y que vivió pensando en lucir en su dedo anular una argolla de compromiso y la de posterior matrimonio, pero que por designios divinos, extravió a su príncipe azul, porque los padres de este lo obligaron a hacer una MBA en Boston, y que a los 26 se empezó a preocupar porque todas sus amigas se estaban casando y el muy guevón todavía no mandaba siquiera un piazo de e-mail desde Boston, ni manifestaba deseos de venirse, pero que empezó a despreocuparse más temprano que tarde (léase, a los 28) cuando vio que esas amigas se estaban divorciando, o les estaban montando cachos o se estaban poniendo gordas o todo lo anteriormente expuesto.

Para ambos casos...ninguno quiere volver a tropezarse con la misma piedra!!!

BONUS TRACK: En ambos casos, la vaina se pone heavy, porque cuando teníamos 20, nos zampábamos 2 hamburguesas, 1 pepito gigante y un tobo de pepsi a las 3am al salir de rumba y luego al día siguiente, como si nada!!! Hoy en día, olemos una pizza y subimos 2 kgs!!!

Si eres de los que forma parte de ese grupo....¿privilegiado? de solteros y solteras treintones o treintonas, y sientes la presión de tu abuela, madre, tía, madrina, la vieja chismosa de enfrente y el cerro de amigos y amigas por formar parte de ese otro grupo de....¿privilegiados? casados...aquí te lanzo esta:

¿Cuántos amigos o amigas te han dicho con el corazón en la mano: "Compadre, ya tienes 30, Cásese y será el hombre mas feliz del mundo!!!" o "¿Marica, cuando te piensas casar?, yo ya lo hice y me siento falisss y fabulosa!!!" ......a ver, ummhhhh....NINGUNO!!!! Por eso es que el matrimonio es una institución, donde la iglesia pierde una virgen...pero gana un Cristo.

Hoy por hoy me pregunto:
¿¿En que momento salió la ecuación: 30 = casarse??

Me provoca preguntarle a los casados treintones si cuando le preguntan a los solteros de 30 o mas, lo hacen porque no quieren vernos en el sufrimiento de vernos haciendo lo que queremos o es que quieren ir a una fiesta a bailar, tomar whisky y comer tequeños, porque si se ponen a ver, saquen la cuenta de los eventos en los cuales ven a los amigos casados: pura rumba!!! Pareciera que la rumba es la válvula de escape del matrimonio...No se, corríjanme si estoy equivocado.

Ya a los 30, tenemos amigos que tienen en promedio 5 años de casados, 25 kilos más, el culo como una nevera, calvicie de la arrecha, la barriga como un buda y 2 carajitos como mínimo. A todos ellos, mi respeto y consideración. Pareciera que al soltero, independientemente del sexo, después de pasar la barrera de los 30 lo miran con reserva y hasta preocupación!!! Trato de darle la vuelta al asunto, pero ya parezco al perro que persigue su cola....

A los 30, algunos hombres y mujeres por igual, estamos más desenfadados, no le paran tanto al que dirán (salvo que seas de la "jai" y te la pases con Mafe, Maru y Sandris tomando café en el contriclussss!!!), se preocupan más por cultivar su intelecto que por tener la Autana, Grand Cherokee o Explorer lista para culear (disculpen lo prosaico, pero es así).

A estas alturas del partido, si nos casamos, bien!!! Sino...bien!!! Tener 30, además de ser un número, es también una actitud, una forma de ver la vida, no una meta en sí misma.

Esa etapa de tu vida solo te va a durar 10 años, pero dará paso a otra más interesante. Aaaahhh, que si en el camino, te casaste, de desarrollaste profesionalmente, vienen los carajitos y todo lo demás, pues felicidades!!!! Si no es así, no te des mala vida.

Amigo(a) treintón(a)...goce esta etapa como nunca, ya que es una sola. Y si le dijeron o cree que ya perdió el autobús...no importa, súbase a un taxi.

Romance del Chavista y la Oligarca. Parte II

EL ENCUENTRO

Como buenas sifrinas que se respeten, las cuatro entran al McDonald's hablando por sus respectivos BB´s, sin mirar a quien se llevan por delante. Una vez en la cola, se detienen a mirar por todo el local cual scanner. Todo esto ocurre sin soltar el bendito teléfono, el cual parece una extensión de los dedos. La vaina me recuerda la simbiosis de los personajes con la naturaleza en la película AVATAR.

Cuando llegó el turno de Pelusita, la caraja nunca miraba al frente, hasta que escuchó una voz que le decía: ¿Buenas tardes, puedo tomar su orden?

Es en ese momento, cuando la niña baja del Olimpo y reacciona diciendo: aaaah, mmh, ay no se!! ¿Saaaandris, tu que vas a pedir? Cosa rara en un McDonald's, es que el anfitrión te sugiera opciones; pues eso mismo es lo que hizo nuestro querido Maikel Jefferson. De bolas!!! Una niña de papi y mami, rubia natural, piel broceada, ojos verdes, Nada, este es mi momento, diría el. Pelusita se tranza por un combo Big Tasty y decide pagar con tarjeta de debito, a lo que Maikel dice: Señorita, su cedula laminada. Esa frase marcó lo que vendría....

I´m sorry Loser, dice Pelusita, marcando una L con los dedos pulgar e índice en su frente.
Mire señorita, si no quiere que sepan su nombre completo o su edad, puede pagar en efectivo, le dice Maikel Jefferson con una firmeza tal que estremeció a nuestra querida Pelusita.

Nuestra párvula decide pagar en efectivo (Primero muerta que sencilla!!!) y esperar su orden, pero ya el mandado estaba hecho. Mientras esperaba, el la miraba con ojos puyuos y ella no le era indiferente, por cada voltiá de ojos que le lanzaba al negrito venia seguido de una sonrisa cómplice, lo que en mi pueblo llaman PISTONEO.

Maru, Mafe y Sandris hechas las paisas, pillaban la escena, a lo que inmediatamente lanzan al unísono un pellizco en la nalga de Pelusita. ¿Que teeeeeee paaaaasa? dice Maru: acaso te gusta el marginal ese (lugar común entre las sifrinas). Que dirá Don Polifonio y la Sra. Helga!!!! comentaba Mafe toda angustiada. Por Deoooooxxxx Pelusita, mis sobrinos no van a vivir en un rancho, NOOOOOOOOO!!! Primero muerta que bañada en sangre!!!

En cuestión de 5 minutos le habían creado una vida alterna a nuestra querida sifri egresada del Merici, quien tenia a sus escasos 18 años ya le tenían la vida arreglada (bajo los altos estándares de Polifonio y Helga). Pelusita entre la histeria de sus amiguis y el insight generado por la nueva emoción (ay papá!!!) les dice a todas: Coooooño llévense la gallina, pero dejen el huevo!!!. Sin embargo, lo que ninguna se percató es que al momento de recibir la orden, la factura tenia anotada en el reverso, el numero celular de Maikel Jefferson con su respectivo PIN, MAS NADA SEÑORES!!!!!

Ella ni corta ni perezosa, guarda discretamente la factura, no sin antes repicarle al negrito.

LA LLAMADA

Habían pasado 3 días y no existía manicure en este mundo capaz de reponer el status original de las manos de Pelusita. Sufría un stress que no se como identificarlo: si por la llamada de Maikel Jefferson que no llegaba o por el que dirán las amistades del country club cuando se enterasen de la vaina.

POR OTRA PARTE…

Maikel Jefferson se sentía en el paraíso. Le decía a los panas del barrio que se había levantado "un culito de la jai" (léase, una chica de la high society) y lo repetía hasta el cansancio, hasta que vino su alto pana del barrio Jeison Ramon , un carajo algo filosofo, algo frito, pero sobre todo muy sensato, y le dijo a nuestro párvulo: Verga panita, llévate la gallina, pera deja el huevo!!!!

La noticia llega a oídos de Genoveva , la corpulenta madre de Maikel Jefferson (en ese barrio no guardan dinero, mucho menos chisme!!!). La misma no cayó muy bien en la progenitora, que al saberlo pego un grito de padre y señor mio (imaginarse el barrio desde una vista aérea, y las palomas volando desde todas las casas). Esa mujer salió disparada de su casa como pedrá e´ loco corriendo hasta la cancha de basket donde se reúnen los muchachos. Con la vena brotada en la frente le pega un grito a su hijo al otro lado de la cancha, sin la menor vergüenza: MAIKEL JEFFERSON VEN ACAAAAAAAAAAAAAAAA!!!! Muchacho´el caraj….¿Como es eso que tienes una novia ricachona? ¿Es que acaso no pensabas decíllllmelo, o creíste que no me iba a enteralll?. Si faltaba alguien por enterarse de la noticia, después de ese momento, ya no quedaba nadie. Ya todas las viejas chismosas del barrio tenían el tema de conversación de todo el mes…

AUNQUE…
En el "contri clusss" la cosa no era muy distinta que se diga. Allí, las damas todas encopetadas (bueh…son las mismas viejas chismosas, pero con plata, total, no tienen mas nada que hacer!!) buscaban a quien descoser. Gracias al Alzheimer, se les está olvidando el encuentro lésbico de la madre de Pelusita hace chorrocientos años y de cuando el socio de Polifonio se acostaba con la cachifa, Pol Dios!!!

No sabíamos hasta cuando iba a durar el silencio cómplice de Mafe, Maru y Sandris (futuras damas encopetadas con real sin más nada que hacer, o lo que es lo mismo, viejas chismosas de la "jai"). Estaban chingas por decir a los cuatro vientos que Pelusita Pipirisnais se había levantado un chico de barrio y que esperaba con ansias su llamada.

PO FIN….
…ocurrió lo más deseado (o impensado) por Pelusita. De lo conversado por ellos, escribiré luego….

Las Leyes de Luis sobre las colas

Empezare diciendo que este capitalismo salvaje que tanto nos agobia ha sido el culpable de muchos desmadres en nuestra vida cotidiana como por ejemplo el volumen de carros presentes en las principales arterias viales de cualquier ciudad. No justifico el hecho de que todos los días transite (cuando se puede) con cualquier cantidad de vehículos con aire acondicionado y escuchando a Bon Jovi, Mark Knopfler o Sarah McLachlan cuando podemos ir de lo mas depinga en una camionetica escuchando a Daddy Yankee, Chino y Nacho o Eddy Santiago y compartiendo miradas frías, ausencia de desodorantes y enjuague bucal con perfectos y variopintos personajes que quizás no veamos mas nunca en nuestro breve paso por este mundo. Y lo de breve se debe a que si adoptamos la idea permanente de viajar en camionetica estaremos expuestos a que un carismático representante del "pueblo" un día cualquiera, nos presente a su amigo Pietro Beretta o a los morochos Smith & Wesson y nos pida el favor que le guardemos par de balas en nuestro estomago.

Pero volviendo a lo que nos atañe, ese capitalismo salvaje que quiso que comprásemos un carro nuevo y que además hace perdernos de la experiencia religiosa arriba descrita nos hace participes de otra experiencia: las colas.

Este evento que parece ser parte de nuestra vida *per saecula saeculorum* trae consigo cambios en nuestra rutina: nos obliga a levantarnos una horas más temprano, nos obliga a tomar vías alternas, pero cuando caemos en ellas viene lo mejor: vemos al verdadero ser humano cuando está detrás del volante. El letargo automotor se convierte en una especie de Pentotal Sódico para el chofer y además, estas experiencias son dignas de compilarlas en algo así como las leyes de Murphy para conductores en las colas, con el pequeño atenuante que son mis leyes.

A continuación, algunos enunciados, fruto de vivencias e infortunios que muy probablemente todos nosotros hemos tenido:

LEY DE LUIS SOBRE LA CORNETA: La intensidad del corneteo empleado en una cola es inversamente proporcional al tiempo que nos queda para llegar a nuestro destino.

COROLARIO: Por alguna razón, tu jefe está detrás de ti en la cola pero va a llegar primero que tu a la oficina.

También observamos con cierto placer morboso aunque digamos que nos causa estupor, esos personajes que hurgan su nariz como si estuviesen descubriendo petróleo o rescatando a los mineros chilenos…y peor aún, con un dejo de desconfianza sobre lo descubierto en sus fosas nasales analizan propiedades físico químicas como color, olor, sabor y viscosidad. No conforme con ello y a sabiendas de los carros que están detrás tocando corneta (ver Ley de Luis sobre la corneta) esperamos el final de la película. Que bolas!!!

LEY DE LUIS SOBRE LOS PERDIDOS EN ACCIÓN: Si en una cola, coincidimos con alguien que no veíamos en años, ese número de años es directamente proporcional al tiempo que queremos hablar con esa persona de un carro a otro. Pol Dios!!!

LEY DE LUIS SOBRE EL ATRACTIVO FISICO: El atractivo de la persona del carro de al lado es inversamente proporcional a la probabilidad de que te sonría y de que la puedas conocer, pero es directamente proporcional a la probabilidad de chocar con el carro de adelante o estrellarte con la isla conforme avanza la cola.

COROLARIO: Si la tipa está demasiado buena, hay la probabilidad cierta de que sea la novia o esposa de tu jefe o la maestra de tu hijos en la escuela y sobre todo, que sea rolo e´ chismosa.

1RA LEY DE LUIS SOBRE LAS AMBULANCIAS: La probabilidad de no poder cambiarte de canal para dar paso es directamente proporcional a la necesidad de la ambulancia que viene detrás de ti de pasar como pedrá e´ loco.

2DA LEY DE LUIS SOBRE LAS AMBULANCIAS: Las ambulancias estarán contigo a lo largo de la cola, Cuando el chofer se obstine, encenderá la coctelera y tocará corneta como un desesperado y pedirá paso. Ver primera Ley de las ambulancias.

COROLARIO: El numero de rolos e´ vivos que quieren colearse con la ambulancia coincide con el numero de guevones que no pueden cambiarse de canal y que están delante de ti.

LEY DE LUIS SOBRE LAS CANCIONES: La capacidad de cantar en inglés la canción que ponen en la radio de tu grupo favorito, es inversamente proporcional al número de años dedicados al dominio de dicho idioma.

COROLARIO: Generalmente quien canta también toca la batería con el volante o toca guitarra de aire. Solo nos sabemos la primera estrofa o el coro de la canción.

LEY DE LUIS SOBRE LOS SALUDOS: Si saludas a un policía en una cola, hay la certeza plena que te va a detener en la próxima salida.

COROLARIO: Generalmente uno tiene la licencia o el certificado médico vencido y el policía tiene unos lentes de sol que matraqueó al carajo de adelante.

LEY DE LUIS SOBRE VENDEDORES AMBULANTES: si compras Sussy o Cocosette a 3 x 20 BsF en una cola, dentro de 15 mts los veras a 4 x10 BsF.

COROLARIO: Independientemente del precio, en ambos casos…están rancios.

LEY DE LUIS SOBRE EL PUNTO DE NO RETORNO: Si anticipas una salida a la cola y esta se encuentra cerca solo tendrás gasolina para llegar a la gasolinera, pero deberás seguir en la cola hasta avanzar a ella, de lo contrario te quedarás varado en la nueva ruta.

COROLARIO: Si decides no hacer caso, te jodiste porque otros 100 choferes pensaron lo mismo y formaron otra cola….

Así que vive tranquilo, total...de esta mundo no saldrás con vida...Cálate tu cola...eso si, hazla mas llevadera, te recomiendo un buen lote de CD´s y aire acondicionado 100% operativo

Radiografía de un Sifrino

En esta oportunidad voy a comentar sobre ese variopinto personaje, a veces oculto, a veces al descubierto entre la fauna de cualquier ciudad venezolana, y es que hablar del sifrino en Venezuela, es como hablar de la arepa, ya la vaina es autóctona.

El sifrino, es propio de las grandes ciudades, dudo mucho que lo veas en las poblaciones de Birongo por allá en Barlovento o en Los Haticos cerca de la Goajira.

En su forma más pura y simple, el sifrino es como un pajarito en grama, no sabe que hacer, ya que el mismo responde a una serie de estímulos, provenientes de una serie de variables, unas tangibles, otras más intangibles, lo que hace que su dinámica sea mas arrecha que la del resto de los mortales…y es que esa es la idea, primero muerto que sencillo.

Biomecánimente, este ser a diferencia de otros, tiene 2 características distintivas:

Nomber guan: El número de células olfatorias que recubren su epitelio es infinitamente superior al resto de nosotros, lo que redunda en que todo les huela (y a veces mal!!!)

Nomber tus: Su orificio anal, está ubicado arriba de la vertebra L5, lo que hace que caguen más arriba del culo, por eso es que siempre andan como apurados y mirando pa´todos lados. ¿Se han dado cuenta?

Sifrino que se respete, cumple con este mínimo. Ahora bien…como un buen gerente, este necesita de herramientas para su buena y diferenciada gestión, de lo contrario estaría a merced de otros implacables sifrinos, y con el latente temor del que dirán!!! Que horror!!!

Después de un profundo análisis…basado en simple observación en Centros Comerciales (creo que estudiar al sifrino venezolano, sería una tesis muy interesante a nivel de doctorado en sociología), listo a continuación las herramientas y dinámica social utilizadas por esta fauna, para su óptimo funcionamiento, a saber:

TELEFONIA MOVIL: Ni pienses que este personaje va a tener un Samsung, Nokia o ZTE, pol Dios, Fin de mundo!!!!! Es que ni siquiera les pasa por la mente tener en sus manos un IPhone (a mi juicio superior!!) sencillamente porque la nota es tener un Blackberry!!!!! No importa si no usas las 3.567.290.434 funciones del bendito smartphone, solo basta tenerlo para decir con placer morboso: Dame tu PIN!!!! O escribir en el muro de Feisbuc: BB Pin: 43fd3da. No importa si después de dárselo, no te escribe ni pa´ saber como estas. A la final, tienes chorrocientos contactos, y solo te comunicas con Mafe, Maru y Sandris (nombres que todo sifrino o sifrina tienen como amigas). Para ellos, la experiencia de tener en sus manos un BB, se compara con el placer de tener un orgasmo de 1 hora. Si no tienes un perol de estos, por muy válida que sea tu razón, da pie a desterrarte y condenarte al ostracismo.

LANCHA: No es lo mismo ir a la playa, o mejor aun, a los distintos cayos existentes en las costas venezolanas en peñero alquilado, que ir en una fulgurante lancha con 2 motores Evinrude. No importa si no sabes que carajo es Evinrude o mar de leva (y para que?, somos papeaos, aaaagghhh!! o estamos buenísimas en hilo dental y tenemos blackberry, ufff!!!)

ARBOL GENEALOGICO: Si no te han preguntado por tus ancestros, entonces no te has topado con un autentico sifrino. En fiestas, reuniones o cualquier evento social, se da el caso que alguien te presenta con otra persona, a lo que respondes: Mucho gusto, Pepito Los Palotes!!

Inmediatamente, fruncen el ceño o arquean la ceja, te miran de forma escrutadora y dicen con tono de mas confianza: y eres de Los Palotes de Caripito o de los del Colegio Benedicto XVI?? (Cualquier alusión con mi

apellido y los dueños de una renombrada institución educativa con nombre de Papa, son guevonadas mías!!).
Me ha pasado infinidad de veces....ya con un respiro profundo y pensando: NOOO, GUEVÓN!!! SOY DE LOS PALOTES DESCENDIENTES DEL CARAJO QUE LE QUITO LAS AMARRAS A LAS 3 CARABELAS DE COLON EN PUERTO DE PALOS!!!! Ganas no me han faltado, pero como digo yo: Genio y figura, hasta la sepultura....o hasta que me saquen la piedra.

Si estas emparentado con alguna rama rancia de ese apellido, se ponen como solterona con bouquet recién agarrao´, de lo contrario te miran como gallina que mira sal y discretamente dejan la conversación y se van a comprar cigarros o kerosén en polvo.

COMIDA: Hablan de que preparan un risotto que te mueres!!, pero las arepas les quedan de 8 puntas, y eso que fueron hechas en tostiarepa, que tal!!!

BEBIDA: No salen de una Smirnoff o de traguitos de colores de nombres extravagantes, que campanean toda la noche y luego solo les queda chupar el hielo. Los ya adultos contemporáneos toman vino, porque les da cierto nivel, aunque no tengan la mas prostituta idea de que cepa es, donde queda el viñedo y cual es la bodega!!! Es así my friend!!!

PINTA: Lacoste, Abercrombie, Hollister forma parte de sus prendas habituales. Los colores pasteles y sobretodo el rosado son sus favoritas...aaahh, se me olvidaba, la franela debe ser 2 tallas mas pequeñas para que te veas papeaos, no por el esfuerzo en el gym (que si los hay) sino por la vascularización ocasionada por la presión de la prenda. Creo que en una vida pasada fueron aves gallináceas, porque no salen sin el peinadito cabeza e´ gallo muy propio de metrosexuales como David Beckham o Cristiano Ronaldo. Aquí digo....ay papá recojan los vidrios!!!....

Compran en Zara como si fuese Harrods, Cortefiel o Ralph Lauren, y les digo: Zara en España es Graffitti aquí, sépanlo!!!

Nunca salen sin sus lentes, que por supuesto, ocupan ¾ partes de la cara, a veces andan como despistados, porque no se dan cuenta que ya es de noche y todavía tienen esa verga puesta!!!

TRABAJO: Los que trabajan en empresas, se ubican en los departamentos de Mercadeo o Relaciones públicas y tienen todos los teléfonos de Sinflash.com, Rumbacaracas.com, Robandocamara.com y demás portales faranduleros. Los que trabajan por su cuenta, tienen una tienda de trajes de baño, una boutique o una joyería. Si son estudiantes, te van a decir que están el 6to o 7mo semestre (por enésima vez) de Mercadeo, pero no saben lo que es *Posicionamiento.* Es triste, pero es la leeeeeeeeey del oeste…..

VACACIONES: Si le pides a un sifrino que te dibuje un mapamundi, te va a poner el globo terráqueo con 4 islas, a saber: Margarita, Panamá, Miami y la ciudad donde vive. Han escuchado acerca de otros continentes como Europa, Asía, pero creen que se hundieron en la segunda guerra mundial o son lugares donde vacacionan los viejos y no les llama la atención.

DEPORTES: Van todos los días al gym a hablar guevonadas de los demás miembros y "dizque" a entrenar, porque entran a las 8:00am y salen a la 1:00pm a tomarse un batido de proteínas o un café, y (ellas) a comerse una ensalada con las amigas, si son adultas contemporáneas, salen a buscar a los carajitos al colegio… En vez de deportistas, son deporpintas, ya que tienen 365 conjuntos de licras y líbralas Dios, de ponerse 2 veces un mismo conjuntico, eso seria sacrilegio, pues que dirán mis amigos del country!!!

MEDIO DE TRANSPORTE: por fin!!! Aquí radica su razón de ser, el alfa y omega de su existencia, el epitome de su vida. Sifrino que se respete no anda en vehículo sedan, nooooooooooo!!! Primero muerto que bañado en sangre!!!. Ellos necesitan, tienen y deben conducir una camioneta, ya sea japonesa o americanas, si son coreanas te miran con reserva…

La camioneta representa para el sifrino, lo que el pelo para Sansón, lo mismo que el Museo Guggenheim de Bilbao para Frank Gehry o el Juicio final de la bóveda de la capilla Sixtina para Miguel Angel. La comunión existente entre la camioneta y el sifrino me recuerda a los Na´vi y su simbiosis con los animales y la naturaleza de la película *Avatar*. Pareciera que la camioneta le da al sifrino, su fuerza, su valentía y hasta su hombría!!! Me he encontrado con varios personajes que se compran una camioneta porque "así levantan mas culitos"…eeehh, sin comentarios.

Debo creer que el sonido de un motor V6 o V8, estimula las feromonas o hace que las erecciones sean mas duraderas, ¿no sé? Que un medico me explique la vaina…

El Off Road representa para el sifrino, la felicidad suprema, es como si un balsero cubano llegara a las costas de Miami. Tú sabes, el barro, otros sifrinos, la música a toda mecha, el culo que se levantó, anyway….

Otro dato interesante es el siguiente: Al salir del concesionario luego de comprar su vehículo, el sifrino adquiere dotes de diseñador y de ingeniero mecánico, puesto que no ha llegado a su casa y ya pasa por *Fox Tunning* o *Il Mio Carro* a montarle otra suspensión, parrillera, luces, rines, cauchos, sonido y las calcomanías de Bass Pro Shop y la del caballito o el toro Brahman. Yo me pregunto: Si General Motors, Ford, Chrysler y Toyota diseñaron esa camioneta gracias a un grupo de ingenieros y diseñadores que son la verga de Triana, y no contemplaron esas nuevas características en el diseño, ¿Va a venir un raspicuí a efectuar modificaciones por la simple razón de: "es que así se ve mas arrecha"?.....ehhhh, sin comentarios again…

Posiblemente mas de uno se sienta identificado con esto, pero que le vamos a hacer….no te arreches y ríete de ti mismo, ya los demás se han cansado de hacerlo….

Los Actos de Grado

No existe evento social que llene de mayor orgullo pecho alguno que los actos de grado. Y sea de kindergarden pa´ primer grado, de liceo pa´ la universidad o de esta ultima pa´ formar parte de la pea (léase población económicamente activa, aunque la misma pea la tienes desde el día del último examen!!), este momento representa un sinnúmero de emociones tanto para los graduandos, que ven cumplir su sueño de vestirse de zamuro después de 5 años de sacrificios, trasnochos (o mas, dependiendo de que tan aplicado fuiste), aventuras y desventuras, profesores implacables, así como para los padres, los cuales erogaron cualquier cantidad de dinero para ver a sus muchachos cumplir una etapa más en su formación académica. Hasta ahora todo va bien en estas líneas que hasta medio poéticas parecen!!! Pero todos saben que yo tengo de poeta, lo que tengo de rubio y ojos azules, así que no me jodan!!!

Lo anteriormente expuesto es rigurosamente cierto, y si bien representa sublimes líneas, prefiero hablar de lo mas mundano, y es sobre ese backstage que representa la organización de un acto de grado universitario con todas las de la ley hasta el acto per se. Particularmente pienso que ese día es tan agitado por el verguero de cosas que te exigen...aunque el final sea muuuy sabroso y placentero!!!

Lo primero, es la hora del magno suceso. Si el acto está pautado para las 2:00pm, el maestro de ceremonias, que es un carajo todo circunspecto con cara de pocos amigos y look medio británico, te exige llegar a eso de las 8:15am, tu sabes...la organización, ubicar a los graduandos por carreras, menciones, orden alfabético, tipo de sangre, color de ojos, Magallaneros y Caraquistas, o si son del Barsa o del Real Madrid, en fin....

El carajo tiene que poner orden en la pea (población económicamente activa aclaro!!) porque no todos los graduandos llegan a la vez, sobre todo las chicas, sino que se van incorporando al magno evento una vez que Manuel, el peluquero mas pipirisnais de la ciudad las va soltando poco a poco de su atelier...

Vemos personajes con cara de sueño ya que están desde las 4:00am sentadas con la boca llena e´ baba mientras le hacen manicure, pedicure, un moño que no te permite poner el birrete y un maquillaje que te hace parecer el guason en vez de Jennifer Aniston. Lo anteriormente expuesto obliga al maestro de ceremonias a repetir una y otra vez las reglas del juego, pero ojo!!!....siempre como Montecristo....con distancia y categoría!!!

Algo que no se puede pasar por alto en este tipo de eventos es lo concerniente a las fotos. La inversión requerida para el acto (la cual casi se compara con lo erogado en una factura de luz con todo y multa!!) te da derecho a la toga, birrete, porta título, una cajita feliz, un CD de Chino y Nacho con la Tigresa del Oriente, un DVD con la filmación del evento y por supuesto...las fotos con su respectivo álbum!!!

Sin embargo hay que estar atentos porque hay fotógrafos mercenarios que no forman parte del staff oficial y te empiezan a tomar fotos como si estuvieses en la alfombra roja, y de un solo carajazo te llegan a tu casa (te preguntas como!!) con unas 500 fotos tuyas bajándote del carro, sacándote un pedazo e´caraota de los dientes que se quedo alojada en el desayuno o en el peor de los casos, una foto de alguien que ni remotamente eres tu!!

Es que tomar fotos no es solo darle sin compasión a la cámara...es un oficio respetable y que requiere destrezas comparables con la de un neurocirujano, y si no pregúntenle a mi Tio David o a mi amigo Chucho Zavala. Sin embargo, aquí se pasan de exquisitos y te exigen tomarte la foto bajo una mata e´ mango con la luz del sol que se cuela por un lado, los carros pasando por detrás y uno que otro manganzón que se colea en la foto y que sale hurgándose la nariz...

No conforme, la vaina se repite una y otra vez, porque hay que tomársela con los padres, novia, novio, abuela, hermanitos, suegros y hasta con Furia, el doberman pinscher miniatura que es otro miembro de la familia y que no podían dejarlo en casa. Y hay que destacar además que la operación se repite antes del acto y después del acto, pues claro!!!! Hay que dejar evidencia de todo!!!

Otro momento cuasi mágico es ver a nuestros compañeros con su mejor atuendo, sobre todo a aquellas como Mariana, que no salía de un pantalón ancho, un suéter y el moño recogido, incluso cuando presentó su tesis, fue con su mejor pantalón ancho, su mejor suéter y un moño que te cagas!!!

Al ver a aquel personaje que se acerca dispuesta a saludarte y te dice…..*Hola!! ¿Que emoción no?* A lo que respondes con el mayor desparpajo….*ajá …..¿Y tuuuuuu eres?* (Obviamente no dejas de bucearla, puesto que anda vestida a todo trapo un pelo salvajemente suelto y unas curvas uuufff!!!)

Ay gafo!!! Soy yo…Mariana!!!....Todavía no caes del asombro de ver aquel monumento de mujer el cual te inspira los más oscuros pensamientos pero que siempre la viste como un amigo mas…pues si amigo, eso pasa!!!

Y lo peor de todo es que no viene sola….tiene el tupé de presentarte a un carajo como su novio de hace 5 años!!!! (léase…..toda la carrera). Te pones a pensar: ¿Cooooooño, en que momento?, ¿Si se la pasaba con nosotros todo el tiempo?. Pues así amigo, son esas cosas que ocurren en la dimensión desconocida….

Llegado el momento en el cual, están tooooooooodos los graduandos están congregados, el maestro de ceremonias y el personal de protocolo, hace un llamado a los representantes e invitados al acto a pasar al salón y tomar asiento….

Por otra parte, los graduandos ya están con cierto orden, vestidos cual zamuro a la espera de pasar al auditorio donde les serán conferidos sus respectivos títulos. Ese momento está lleno de una energía indescriptible y una emoción sin precedentes. No sé si es por la música de fondo, o porque ya salimos de este peo que representa la vida universitaria (aunque después la vas a extrañar, te lo aseguro!!).

Conforme vas caminando con tu cara de orgullo por el auditórium, se van escuchando temas que arengan a la victoria (Y no es para menos!), es donde el DJ o el operador de sonido se fuma una lumpia y te pone un mezcladito bien chévere de la marcha triunfal de Aida, el tema de La Guerra de las Galaxias, Battlestar Galáctica, el intro de 20th Century Fox, El tema de Superman, Chariots of Fire, Ironman y Living on a prayer de Bon Jovi. Estoy haciendo nota mental, para ubicarlo después del acto y pedirle una copia!!!

Posteriormente, después de haber escuchado el himno nacional, el himno del estado, el himno de la universidad, el himno al árbol y al quinteto contrapunto, vienen palabras del maestro de ceremonias, palabras del rector magnífico, la vice rectora, el claustro de profesores, los padrinos de cada promoción, el estudiante con mejor promedio, el dueño del auditórium, el DJ y un carajo que lo dejaron trancado en el estacionamiento, se procede a llamar a cada estudiante para conferirle su titulo.

Aquí empieza lo bueno, porque nos enteramos de muchas cosas sin querer queriendo, por ejemplo, el nombre completo de nuestros compañeros y amigos. Es en este momento donde te enteras que nuestra querida amiga "Cuky" González se llama en realidad Jimena de la Copacabana González Arrechedera. No sabemos si mentarle la madre al maestro de ceremonias por la prosodia impuesta al nombrarla o a los padres por semejante castigo. La cara de Cuky después de semejante afrenta no tiene precio, parece que va a matar con la mirada al maestro de ceremonias. Ya veremos las fotos!!!

Otro caso digno de mención fue cuando a nuestro amigo "Pacho" Quevedo le tocó el turno. No fue tanto el saber que se llamaba Francisco Encarnación Quevedo Von Braunsberg (padre gocho y madre alemana, mas nada!!!) sino la alegría de verlo graduarse después de sopotocientos años en la universidad. Pacho ha sido un personaje muy querido por varias generaciones de estudiantes. Ya era prácticamente un símbolo de la universidad. Cuanta falta nos harás!!! Y díganme…¿le son familiares estos casos?

Conforme van pasando por orden alfabético vas aplaudiendo, pero el ímpetu y la energía van disminuyendo hasta que nuestro amigo Manuel Coromoto Zambrano Velásquez de la promoción de Zootecnólogos solo recibe los sonidos de los grillos y la bola de paja rodando.. Verga pana, entiéndeme…ya tengo un callo en la palma de la mano de tanto aplaudir!!!! Los Alvarez, Abreus, Britos, Castillos y Pacho Quevedo se llevaron las mayores ovaciones, pero créeme…no es nada personal.

Ya después de cualquier cantidad de horas sentado y con las manos rojas de tanto aplaudir, al maestro de ceremonias no se le ocurre mas nada que ponernos a escuchar algo llamado Vámonos de Tour…eh, perdón, quise decir Gaudeamus Igitur interpretada por 8 locos que no conocemos.

Ya a punto de finalizar el solemne acto, nuestro maestro de ceremonias repite por enésima vez, que esto es un acto sobrio y que por favor mantengámoslo así hasta el final. Obviamente estas palabras representan algo menos que un saludo a la bandera para estos párvulos de 22 años en promedio (salvo Pacho Quevedo) y apenas cuando dicen por el micrófono: el acto ha concluido, proceden a lanzar el birrete por lo aires, con la cara impávida del maestro de ceremonias aunque por dentro quería desollarnos!!! Ya se jodió….

La vaina está en que nunca vamos a agarrar el birrete original. Yo agarré otro que por el tamañito, parecía un fez turco o una kipá judía. Creo que le preguntaré a Mariana, para ver si es el de ella….

Por último y no menos importante es la salida del evento. Después de recibir aplausos y salir emocionados en búsqueda de nuestros padres y amigos para los respectivos momentos kodak, llegar a la salida y ubicar el carro es una tarea titánica solo comparable con entrar al Sambil un Día del Niño o salir airoso de una encerrona de Toros en Pamplona. Ya en casa, empieza la celebración con los familiares…Pacho y Cuky acaban de llegar con sus padres y Mariana viene más tarde cuando termine su celebración y las neuronas restantes se lo permitan. Solo espero que venga sola y no con el noviecito que me presentó.

Algunas cosas que dudo existan o veamos algún día

☐ Una chavista bonita *(chavista light, mmmmm…a lo mejor medio simpaticona, pero chavista dura, muuuuy difícil!!!)*

☐ Un catirito o catirita en alguna cuña del gobierno *(naaaaaaaada chamo!!!)*

☐ Un gringo pidiendo VISA para entrar a Venezuela *(a lo mejor Master Card o American Express, jajajajajaja)*

☐ Una fiesta de bodas venezolana sin tequeños *(no tá fácil!!!)*

☐ Un integrante del grupo KISS de raza negra *(Aunque Eric Singer, el actual baterista es rubio, solo que se pinta el pelo)*

☐ Un chavista con criterio *(en que carajo estoy pensando???)*

☐ Un malandro con frenillos *(sin comentarios….)*

☐ El Oscar a mejor banda sonora a un reggaetonero (*Neeeeeeext!!!*)

☐ Un(a) tierruo(a) que no se llame Maikel Jefferson, Guinkelman Jeison o Guibirivisneibiris Jackelin o similar. *(Aaay menol sea serio...Buuuuuuuulda e´fino)*

☐ Un europeo que no le guste una negra *(pero también le puede gustar un negro, se han visto casos)*

☐ Un chavista decente *(toi que no controlo mi esfinter!!!)*

☐ Alguien conduciendo un Ferrari, Lamborghini, Masserati o Land Rover y escuchando reggaetón *(es mas fácil ver a un malandro con frenillos!!!)*

☐ Una rubia manejando un carro sincrónico *(Mucho con demasiado!!!)*

☐ Un pelabola que se haya ganado un Kino con 15 aciertos o un triple gordo con carro y camión y le duren los reales mas de 1 año. *(se rumbea los reales en amigotes, caña y putas, vende el carro pa´ comprar comida y usa el camión pa´ vender plátanos)*

☐ Un marico arrepentido *(plátano maduro no vuelve a verde!!!)*

☐ Dejar de escuchar a Chino y Nacho *(porfis, porfis!!!)*

☐ Una familia que no tenga un niñito ladilla (*Yo fui uno....*)

☐ Una camionetica sin colector *(Bi lou, bi lou, bi lou….léase Big Low)*

☐ Una oficina pública con todos los servicios disponibles (*Afuera vas a ver siempre un toldo marginal con personal ídem vendiendo timbres fiscales que no se consiguen en la oficina)*

☐ Alguien que en realidad piense, hable y escriba en Inglés porque lo aprendió en Miami *(I can tol guachinton tu!!)*

☐ Alguien que le saque provecho a un Blackberry *(Ya!!! Lo confieso…me oriné!!!)*

☐ Un guardia nacional o fiscal de transito que no haya matraqueado nunca *(Ajá….)*

☐ Un mariachi 100% mexicano en Valencia *(Jajajajajaja, No manches Guey!!!)*

☐ Un venezolano que no remueva el whisky con el dedo *(Muy jodido!!!)*

☐ Un combo de evangélicos sin paraguas, sin revistas El Atalaya, sin camisas manga corta y corbata o faldas largoootas *(Bueeeeeeeenas, tendría un minuto de su tiempo???...Mas predecibles y explotan!!)*

☐ Que este humilde servidor deje de escribir como lo hace….

Las Telenovelas

Me atrevo a decir que después del himno nacional, La bandera tricolor, el escudo, los tequeños, la arepa, el Miss Venezuela y Simón Díaz, las telenovelas venezolanas se pueden considerar símbolo patrio, después de todo….quien no se ha calado una maratónica sesión de culebrones (alter ego de la citada producción televisiva) desde la 1:00pm, hasta las 3:00 pm para luego pasar al segundo round (léase, las de las 9:00 y 10:00pm)…..Aclaro que esto de los horarios me lo han contado por ahí, pues desde la aparición maravillosa de ese invento llamado Televisión por Cable, no se nada que no sea HBO, Discovery Channel, AXN, Sony Entertainment Televichon y A&E.

Es que la telenovela representa para muchos de los venezolanos, su energía, su razón de ser, su premio después de un día de arduo trabajo, coleteando y/o cocinando!! Es como la chispa suprema para Autobots y Decepticons, como American Idol para los gringos. Al ser un apéndice de nuestra realidad (aunque algo mas edulcorada), el culebrón local es una suerte de argamasa para las relaciones sociales entre conserjes e inquilinos, señoras que planchan y amas de casa, entre viejas chismosas y otras viejas chismosas, pues se convierte en el tema de conversación obligado (a veces el único!!!) en los ascensores, bodegas y Farmatodo, al día siguiente de la transmisión de un capitulo, y en sumo grado si está en etapas cuuuuumbres o finales, en términos de algunos canales televisivos.

Es mas, me atrevo a decir que la telenovela venezolana fue el primer programa interactivo de la televisión, si n o me creen, vean a sus tías, a su madre o a su abuela mientras ven una novela....ELLAS LES HABLAN AL TELEVISOR!!!!!!. Y creen que el televisor les va a responder (eso es otro cuento!!). Cuantas veces ha pasado que entran a la sala de la casa y ven a su madre diciendo: Ay mijita deja a ese hombre que lo que quiere es hacerte daño!!! Ay mijo, sal de ahí que viene el villano con una pistola!!!. La televisión interactiva tiene en Venezuela como 50 años y hasta ahora nos damos cuenta!!!

Pero analicemos la vaina…. ¿Por qué llama tanto la atención un seriado culebrero?. ¿Serán los nombres que le ponen?, ¿Será la trama?, ¿Los actores y actrices seleccionados?, ¿Los paisajes?, mmmmmmmmmmh, no se (repito, mientras escribo esto, estoy viendo CSI!!!). Empecemos….

Las telenovelas venezolanas, tienen nombres que despiertan la libido de los televidentes, por ejemplo: Amor Desatado, Pasión Desbordada, Amantes Desenfrenados…..coooño cualquiera que vea las promociones (siempre sale una mamita rica en traje de baño cayéndole a latazos al protagonista) dirá: veeeeeeeeeeerga, esta va a ser un batacazo!!! Pero siempre es mas de lo meeeejjmo…..eh, perdón, de lo mismo.

El día que vea una promo de una novela que se llame por ejemplo: "Mi querido Guachimán", "Tronco e´ culo el de Mariana", "Alfredito y Cachilapo", "Mi pana el Tukki" o similar, es porque no tenemos más nada que hacer en este país, los guionistas se fumaron un cardan de autobús y yo por mi parte…me quede sin plata para pagar el servicio de TV por cable.

En cuanto a la trama, la misma vaina todo el tiempo….la niña pobre y campuruza que llega a la capitarrrr en búsqueda de una mejor vida, y que se enamora del protagonista, pero resulta que en el capitulo 123 se entera que es su hermano, porque el papá de este se raspó a la mamá de esta 22 años atrás en la finca de la familia por alláaaaaaa en el carajo viejo a 8 horas de Caracas, y que por designios divinos, el viejo antes de morir le deja una herencia mollejua y el 90% de las acciones de la empresa (siempre son dueños de una empresa). Mas o menos en 200 capítulos al caraja se transforma de campuruza (aunque siempre con peinado de peluquería y un bronceado que te cagas!!!) a empresaria mamita rica mas buena que la mala de la novela (una caraja que siempre anda en tacones hasta en la piscina y oliéndole los peos al protagonista). Ya la vaina se pone ladilla!!!

Por su parte, al protagonista, siempre el creador le pone un nombre rebuscao´ y dominguero como Santiago Alejandro, Sebastián Alfonso,

Felipe Jesús y siempre es llamado por los dos nombres…y no conforme lo llaman gritao´!!!
Por otra parte, siempre es de una familia toda pipirisnais de apellido rancio, algo así como Del Bosque, Del Monte, Montesacro, Montecristo, Montedevenus o Cucurrucucúpalomaticoechea y como les mencioné arriba, son los flamantes dueños de una empresa (aunque nunca sabemos que coño hace la empresa pero siempre hay escenas en la oficina y el computador siempre está apagado). ¿Será que la necesidad aspiracional del venezolano, hace que nos identifiquemos con estos personajes? Díganmelo Uds.!!

Otra vaina….Siempre que hay grabación en exteriores, ocurre un hecho lamentable!! Y si es en la ciudad o en carretera y la toma es dentro de un carro, termina en choque con muertos y todo. Es de destacar que el muerto es un actor de reparto casi siempre el papá del protagonista o la villana de la novela (lo que aparezca primero), pues el protagonista no se puede morir porque se acaba la novela aunque queda herido por 3 o 4 capítulos con una venda en la cabeza. A la villana siempre la joden….por bolsa, por andar mendigando amor dentro del carro….Sebastián Alfonso!!!! Dime que me amas!!!! (con una mano de ella en la cara de él, a 120 kph y la otra en el volante)…..¿eeeh, como te lo explico?. A veces el guionista se torna de lo mas inverosímil y risible!!!

Detalles: Si hay cachifas en la trama, son negritas y hablan solo en 2 de los 200 capítulos de la novela. Por su parte si la novela es de producción mayamera, las cachifas están más buenas que la protagonista y ni hablar de las villanas…además, hablan hasta por los codos y todos los peos son en una mansión arrechísima o en una lancha. El carro del protagonista es un sedán y si esta en Miami, es un deportivo descapotado. El protagonista y la villana nunca sudan y siempre andan peinados hasta en el gym!! El villano, es un primo que le esta soplando el bistec y tiene un juju con la villana mientras terminan de arreglar su visión del mundo.

Señores….la telenovela venezolana se ha vuelto predecible (eso me han dicho!!)….

Pudiera seguir escribiendo pero tendría que pasar de canal a cada rato a Venevisión Plus y honestamente...no me da la gana. A todas estas, ya terminó CSI y pasé de canal a ver un capitulo de NUMB3RS…

…Si se preguntan, por qué se de esto….me lo dijo un pajarito.

Romance del Chavista y la Oligarca. Parte III

LA CONVERSA

Contra todo pronóstico, la primera llamada la hizo nuestra párvula del Merici, sin embargo y en aras de la reputación colgó después de 2 repicadas.

Del otro lado, nuestro querido bolivariano meeeessmo, recibía el repique y como tenía su nombre guardado, puso la cara de pendejo/emocionado/guevón/sobrado que ponemos todos los hombres cuando nos llama la mujer que nos pone la empalizada en el suelo. Como buen macho que se respeta, no responde de inmediato y decide terminar la arepa con perico que le hizo su madre para el desayuno.

En su habitación, con una sonrisa propia de los predestinados, con la marcha de Aida dentro de su cabeza, el carajo cree que está levitando o es transportado al Valhala por las mismísimas valquirias, pero estaba mas cerca del purgatorio cuando decidió marcar 2 seguido de SEND….

Repicando y mientras espera, el carajo tose, traga duro, se acomoda las cejas y cuando contestan por el otro lado, el carajo responde….

Que pasoooooo mi princesita, como ta´todo y tal!!!

….A lo que responden en tono familiar: Aló mi neeeeegro, me tenías abandonáaaaaa!!!
Maikel Jefferson sigue hablando pero con reserva, porque no se esperaba una frase tan coloquial de una "princesita de la jai".

- ¿Mira Pelusita, que estás haciendo mamol, te gustaría ir conmigo a comer?

- ¿Como que Pelusita mi negro, tu nunca me has llamao´así? (ay papá!!)
- Eeeeelga princesita, no sabía que eras bulda e´jodedora….
- ¿Mira Maikel Jefferson, sabes con quien estás hablando?
- Bueno , bueno…con Pelusita, la catirita de la Simón (voz de asustado)
- Pues no fíjate!!!!
- ¿Entonces quien es? (voz de cagaaaaooo´)
- Puessssss no essssss la catirita de la Simón….es tu negra Guibirivisneibiris!!!!!

El carajo se volvió blanco del tiro y creyó que el mismísimo Thor le había dado semerendo coñazo con su martillo!!!!

Resulta, sucede y acontece que Guibirivisneibiris Jackelin (en lo sucesivo y a efectos del cuento, Guibi…) era la novia de Maikel Jefferson hasta hace 2 meses. Muy querida por Genoveva, esta señorita, una Jennifer Lopez de ébano, tenía todo listo para mudarse con su negrito, pero por cosas del destino (y otro cuento…) se convirtieron en agentes libres.
El muy bolsa tenía guardado el numero de Guibi en la posición 2 del marcado rápido y a Pelusita en la posición 3….pequeño detalle!!!!

Después de esta introducción, sigue la conversa…
- Eeeeeepa mi Guibi, como estas!!!
- Pues aquí, como siempre…buenota!!!………..y en tu casa de visita, toi en la sala hablando con tu mama!!!! (Ay cooooño!!)

El carajo como alma que lleva el diablo se apersona a la sala de su casa y ve a su ex y a su progenitora hablando de lo lindo que es el presi y de la última reunión del PSUV en la parroquia. El carajo mete el paro de que tiene que ir a la universidad y que no puede estar con ellas departiendo.
En esta oportunidad y rumbo "a la universidad" decide llamar a Pelusita y decirle que se vean en algún sitio…
Repite la operación y ya saben: Que pasoooooo mi princesita, como ta´todo y tal!!! (Mas básico que las ganas de comer!!!)

A lo que ella responde:

- (Voz pausada) Alóooo? ¿Quien es? (Como si no supiera la muy pendeja!!!)
- Aló Pelusita?, amol, es Maikel Jefferson, nos conocimos en el Mardonal, ¿te acuerdas?

De booooooooolas que se acuerda!!!!, Es la llamada que mas ha estado esperando nuestra sifri en mucho tiempo!!!

Claro está, esto está ocurriendo en un universo paralelo, lejos del escrutinio de sus amiguis Mafe, Maru y Sandris…
Pero sigamos….

- Aaaaah, Hola Michael Jefferson, como estas!! (Pronunciación bostoniana of course!!!) ¿Y eso? ¿A que se debe tu llamada? (Si Luiiiiiiiiiiiiiiiisssssss)

- Bueno amol, llamaba pa´saber que estabas haciendo y si tienes planes pa´esta noche.
- Aaaaah, fijate que esta noche voy a salir con unas amigas….. (las veintiunicas!!!)
- ….Vamos a estar en el CSI (Léase Centro San Ignacio, donde mas!!!!)
- …..A bueno, si quieres me aparezco por allá y te llamo cuando llegue….
- Bueno amol, te dejo, tamos pendiente….

Nuestro amigo piensa…

- Eeeelga men, yo nunca he ido pa´esa vaina!!! ¿Que pinta me voy a poner?
- Eeeelga men, ¿cuanto real voy a llevá pa´llá?
- Eeeelga men, ¿que camionetica agarro?

Como Dios no deja morir a nadie y nos tira algo pa´ defendernos, le dio a Maikel Jefferson para de joyas como primos, los morochos Guinkelman y Gualdisni, corridos en 7 plazas en estas lides con sifris…

Decidido a llamarlos, marca su número, pero una delicada voz le dice:
…su saldo es insuficiente para realizar llamadas.

Los Blackberrys

Los últimos acontecimientos ocurridos al veitiunico producto de la empresa RIM (Research in Motion), me obligan a escribir al respecto (¿que cosas no?). Quiero destacar que no soy usuario de Blackberry, los que me conocen saben que jamás, repito…JAMAS!!!! me voy a comprar un perol de esos, solo para decir la trillada frase capaz de generar un orgasmo tántrico en muchos: *Dame tu PIN!!*. Primero me compro un CD original de Chino y Nacho antes de caer en semejante acto de alienación. Es una decisión personal…mas nada.

Recuerdo aquellos días, cuando todos éramos felices disfrutando de nuestros perolitos, Nokia, Samsung, LG, Motorola y pare de contar. Luego vino RIM y sacó un teléfono concebido para el empresario con funciones mollejuas…toda la oficina en tus manos!!. Hasta allí estamos bien. Total, no necesitaba revisar correos ni teníamos redes sociales. Pero en algún momento vino algún gurú del mercadeo y la publicidad y descubrió algún vacío en nuestro cerebro y decidió posicionar el bendito Ass-martphone (está bien escrito, gracias, la gerencia), haciéndonos creer que necesitábamos la verga esa!!! Lo demás es historia… Me pregunto si es que ahora tooooooooooodos somos empresarios, que necesitamos un equipo acorde, o el mero acto de solicitar pin genera un placer morboso…mmmm, no se!!

Muchos amigos me han conminado a cambiarme a esta "maravilla", pero yo me niego rotundamente. Una vaina que originalmente era para uso empresarial, ahora lo usan hasta las cachifas y microempresarios de las telecomunicaciones (léase, vagos en toldos que alquilan llamadas telefónicas). Hoy en día, el no disponer de un perol de estos equivale a tener sarna y da pie a desterrarte o condenarte al ostracismo social. En mi defensa, me atrevo a pensar que ciertos usuarios de Blackberry son personas que tienen suficiente dinero como para no comprarse un Vergatario pero no tanto para comprarse un Iphone.

Quiero destacar que el primer modelo de Blackberry que vi y tuve en mis manos (ojo, no lo compré) era lo más parecido a una arepa con pernil, por cierto…vaina pa´fea!!!. Fue hace como 6 o 7 años. En la actualidad, se ven modelos más estilizados……..mmmm, corrijo, es un solo modelo, pero le cambian los nombres solamente: Pearl, Bold, Javelin, Storm, Gemini, Torch…todos son la misma vaina!!!! Mis felicitaciones al equipo de Mercadeo de RIM por hacer creer que son varios modelos, son geniales!!!!

Pero volviendo al punto inicial, recientemente RIM alegó que la falla era debido a un Coromotico del Percusisoplo (jerga técnica…entiendan!!) en las Europas que dejo de funcionar, haciendo que el PIN hiciera PUM!!

La crisis no se hizo esperar, la gente se volvió loca, histeria colectiva, alucinaciones, personas al borde del suicidio, los usuarios se preguntaban……..¿No tengo pin? Aaaaaaaaaghhhhhh!!!! ¿Y ahora que voy a hacer?. La situación cambió radicalmente los hábitos de los usuarios, ya que con tanto tiempo libre, no sabían que hacer. Se organizaron talleres express de autoayuda como los organizados por mi amiga Antonieta, donde se expusieron temas como: ¿Que debo hacer si me quedo sin PIN otra vez? - ¿Que hacer con tanto tiempo libre? - ¿Hay mundo sin en el PIN? - ¿Debo anotar el numero de la persona? - ¿Como enviar un mensaje de texto? - ¿Y como recuperarse del trauma de haber pasado un día sin PIN? - ¿Como volver a agilizar los dedos? Ejercicios prácticos para todos los modelos.

La cosa iba más allá….los casos severos fueron documentados y llevados a simposios internacionales y a Laura en América. Todo esto en 3 días!!! Digno de Ripley!!!!

Los voceros de RIM alegan que ya pasó lo peor (aunque piden las cabezas de unos cuantos!!)…..sin embargo me preocupa la situación puntual en nuestro despojo de país. Con tanto BB suelto por ahí, la locura seria de antología de seguir la falla. Hay una bola rodando por ahí diciendo que el gobierno piensa comprar la empresa para hacerla popular y accesible al pueblo (Con Esteban todo es posible).

Y supuestamente el PIN (Personal Information Number) seria renombrado y adecuado a la realidad venezolana (ya basta de jergas extranjeras!!!). Ya no sería PIN sino Código Único de Localización…en otras palabras, CULO...así a secas.

De ser cierto lo anteriormente expuesto, pido que sean bien cuidadosos en la concepción y ejecución de la estrategia comunicacional…no quiero que el día de mañana, alguien me pregunte, creyendo que sea usuario de un Blackberry…Dame tu Culo.

Antropología Venezolana

Definir al venezolano no es una tarea fácil. Nuestros hombres y mujeres al provenir de una constante mezcla de razas, nos dejan una carga genética bastante interesante.

El venezolano, es blanco, trigueño, moreno, negro, indio, mestizo, mulato, zambo, cuarterón y pare de contar. E independientemente de la mayor o menor cantidad de melanina presente, con la raza, se carga también los prejuicios necios impuestos a cada mezcla. No quiero escribir sobre si descendemos del mono al margen de que los creacionistas se arrechen conmigo, porque me parece gastar pólvora en zamuro. Mas bien, quiero escribir sobre que hizo el mono después llegó a nuestro territorio y en que se convirtió...

Dependiendo de si el mono se casó con una mona, o se fue a vivir con una mantuana, para luego asentarse en el centro de nuestro país, o en los llanos, la región oriental o zuliana, el impacto en las siguientes generaciones de la especie se hizo sentir. Y lo vemos en el hecho de bailar con una caraqueña, conversar con un maracucho o comer con un oriental...la vaina tiene un encanto único. Sin embargo, también encontramos ciertas mutaciones, algunas pintorescas otras...no tanto. De esas mutaciones es de las que quiero comentarles, porque a lo mejor, tal vez, quien quita, quizás...quizás...quizás...seamos una de ellas. Let´s begin...

Nuestro primer personaje, si bien tiene un origen geográfico definido, lo encontramos e lo largo y ancho del territorio nacional. Me refiero a la especie *Dementis Carlosarvelensis*, mejor conocido como...Loco e´Guigue. Esta especie se caracteriza por creer que se las sabe todas mas una. Se mimetizan entre la multitud pero se ponen en evidencia cada vez que hablan. Sus comentarios en eventos sociales avergüenzan a más de uno y ponen en apuros a muchos otros más.

Si los vemos en una empresa son fáciles de identificar, pues con la cara de urgencia y circunspección que el momento amerite, te piden imprimir un email y mandarlo por fax a alguien, o mandar a comprar un nivel de gota fija (pregúntenle a un ingeniero que es eso!!) o peor aun…beben whisky con frescolita porque así lo vieron en Discovery Channel.

Lo podemos encontrar de diferentes edades, razas, religiones, status social, estado civil e incluso sexo, siendo conocida su contraparte femenina como Loca e´ Guigue. No sabemos cómo zipote llegan a determinados puestos de trabajo, quizás porque el head-hunter o la analista de selección de la empresa formen parte de la especie. Consejo…calladitos son más bonitos.

La siguiente especie se circunscribe a la urbe citadina, aunque no quiere decir que podamos verla en las afueras de la ciudad, es de destacar la misma goza de gran aceptación e influencia en el género femenino. Estoy refiriéndome a la especie *Parvulus Pater Monarquicus*, o para mejores señas…Papito Mi Rey. Esta especie es algo similar al extinto *Culter Petrus* (Pedro Navaja) pero algo más sofisticado. Lo encuentras en liceos, universidades, empresas, clubes, gimnasios y demás lugares donde la socialización es un acto natural.

Camina siempre con una sonrisa propia de los predestinados, en su mente solo se escucha la marcha de Aida, no ha terminado de hablar cuando todas caen rendidas a sus pies. Cualquier vestigio de sonrisa y aparecen flashes por doquier.

Pero ojo, su carga genética recesiva del Dementis Carlosarvelensis se puede convertir en dominante si no desarrolla el intelecto.

El siguiente es la especie *Bracchium Vestigialis*….cuya principal característica es el brazo vestigial también conocido en el argot burdo como Caimán Mocho, léase…. Pichirre. No vale la pena escribir mayor cosa sobre este personaje.

La siguiente en la lista es la contraparte femenina de la especie Papito Mi Rey. Se denomina *Matris Divinus Maximus* o traducido a un lenguaje más mundano, montuno y agropecuario……Mamita Rica. Su hábitat se asemeja al del Papito Mi rey, y por alguna razón, estos dos congenian muy bien, pero por otra razón…se obstinan uno del otro muy rápidamente. Es de gran exposición mediática y tiene en su haber mínimo 4 almanaques Polar, Duncan, Fulgor y Urbe Bikini. Jamás se le verá con la especie Bracchium Vestigialis pues ello supone la extinción de su especie. El Off Road es su ambiente ideal.

Dementis Itineris. Loco e´carretera. Ver *Dementis Carlosarvelensis*

Graminius Vocalis o *Graminius Collocutus.* Todos conocemos a algún miembro de esta especie. La misma traduce algo así como conversador gramíneo o por el común de los mortales…..El hablador de paja. Esta especie tiene la infinita capacidad de disminuir los niveles de tolerancia de quien se encuentre cerca de él. De igual manera desata la creatividad en sumo grado pues obliga a inventar una original excusa para desaparecer y perderlo de vista, a veces hasta siempre.

Autumnus Decrepitus, a.k.a…..Galán de Otoño. Fue el Papito Mi Rey de una pasada generación, pero el todavía no se ha dado cuenta que ya su tiempo pasó o se resiste a creerlo. A veces, ni es galán ni es un coño. Consejo….pase la antorcha.

Por último, pero no menos importante, tenemos al *Homo Gelati Pater Dominum,* lo que traduce el Papá de los Helados. Representa la némesis del *Dementis Carlosarvelensis.*

Su contaparte femenina es la especie *Oryza-gallus Regina Dominum* o Reina del Arroz con Pollo. Representa la especie dominante, la aspiración máxima, the ultimate race. Sabe más que un pescao´ frito con tostones, es excelente conversador, creativo, resuelve problemas de forma eficiente. Cuando conocemos a un miembro de esta especie, lo primero que decimos es…¿Puedo ser tu amigo?, O Dame tu PIN!!!.

Lo podemos encontrar en mandos medios y altos de las empresas O cargos varios de gran responsabilidad. Sirve de inspiración para muchos y cuando la especie Mamita Rica se encuentra harta de la especie Papito Mi Rey, busca mejorar la especie y salir de la zona de extinción, vinculándose por aproximación sucesiva a estos miembros.

Entonces....en donde encajamos??

Los Cajeros Automáticos

La experiencia de acudir a un cajero automático en nuestro país es comparable con la de caer en una cola en la autopista rumbo a Caracas un lunes a las 7:00am a la altura del túnel de los Ocumitos sin aire acondicionado y sin radio reproductor. Pareciera una comparación algo exacerbada de mi parte, pero aclaro…no me refiero al tiempo transcurrido en cada uno de los eventos arriba mencionados, puesto que el primero se lleva en los cachos al segundo. Pero por la intensidad de los acontecimientos que se suscitan en las colas para un cajero automático, bien amerita la comparación.

Dios te libre de la necesidad de ir a un cajero automático un día 15 o un último de mes. Pareciera que en esas fechas, alguna entidad perversa remueve de la memoria de toooodas las personas, la ubicación del cajero mas cercano, lo que obliga a ir al Centro Comercial o Mall más cercano, en nuestro caso, Sambil, Metrópolis, La Granja o Cristal, siendo el primero el más demandado. Lo peor de todo esto, es que esa misma entidad perversa, hace que lo último que hagas en el bendito Mall, sea ir al no tan bendito cajero. Primero, vas para Zara, a Cines Unidos a ver que películas están pasando, o en el caso de ellas, luego entras a la tienda Exotik a caerte a coñazos por una blusita de la cual solo hay 2 piezas talla S y tu eres L, pero eso no importa porque tu decidiste que esa blusita era para ti, ya que te prometiste que vas a bajar de peso el próximo año y sacas las garras para que las demás desgraciadas compradoras no se salgan con la suya, o entras a Casiolandia por mero masoquismo a pasar arrechera, pues ves un reloj que es igualito al Caterpillar Bigtwist que te compraste una semana atrás y que cuesta la mitad del precio, después te tomas un café con leche (para pasar la arrechera del reloj) con la comadre y/o el compadre que te lo/la encontraste al salir del lobby del cine y que tenían como 3 meses que no se veían. Respiro profundo...ya estoy hiperventilando!!!.

Ok, pero volviendo al tema principal, no conforme, te encuentras a medía humanidad deambulando por los pasillos cercanos al banco, y todos con cierta prisa (de bolas!!, es que han perdido como 3 horas entre Zara, Cine, Casiolandia y el cafecito, para una diligencia que a lo sumo te iba a tomar 15 minutos!!). Una vez que llegas a la cola, te encuentras a varios personajes inconfundibles, que hacen de la experiencia de sacar dinero del cajero automático, una vaina memorable, a saber:

El que no sabe cuánto dinero tiene en la cuenta. Ruégale al Altísimo que no los tengas en la cola, porque de ser así, ármate de paciencia o pídele al carajo que tienes atrás que te cuide el puesto mientras te tomas otro café o ves una película en el cine. Mientras el resto de los mortales tenemos un algoritmo estándar para sacar dinero de un cajero, este personaje, pareciera que llegó tarde a esa clase…. Su rutina inicia pidiendo consulta, una vez que le dispensan el recibo, lo ve de arriba abajo, lo huele, le da vueltas, lo analiza como si fuese un fondo fiduciario. A todas estas, el cree que está íngrimo y solo en la cola y no se inmuta para nada. Acto seguido, repite la operación y se dispone a retirar dinero, hasta allí todo anda viento en popa, verdad……..PUES NO!!!! Una vez que finaliza su operación con la entrega del recibo, coteja este con el primero, y realiza un segundo análisis más exhaustivo. Llego a pensar que este tipo de sujetos deben trabajar en firmas auditoras como Price Waterhouse Coopers, Deloitte o KPMG, no se digo yo!!.

Como dicen que a la tercera va la vencida, proceden a consultar una vez más (Dios, dame paciencia para soportar este tipo de vainas, pero dámela YA!!!) y empieza el cotejamiento de los tres recibos. En ese momento, estos personajes ponen caras de circunspección únicas, arquean la ceja derecha, se soban el mentón, se rascan la nuca y el cogote, para al final decir: "no se me ha hecho efectivo el cheque" o "no me han pagao´ todavía esos reales". Lo peor de todo es que salen del cajero impávidos ante la mirada asesina del resto de los cuentadantes de la cola.

El otro personaje es aquel que cree que lo van a secuestrar en una acción tipo comando y se lleva al bojote de amigos y/o familiares para la cola.

Desconfía hasta de su propia sombra y si bien su rutina sigue el algoritmo estándar, la lista de chequeo la repasan como 20 veces antes de ejecutarla. Mientras está en la cola, mira a los demás mortales con reserva y es capaz de morderte el cuello si osas pasar su espacio personal (más o menos 2 metros). Al momento de pasar al frente del cajero, son una maquina perfectamente engranada, lo más parecido a un cambio de neumáticos en un gran premio de formula 1. En el momento de tener el recibo en la mano, salen como anima que lleve el diablo.

Otra fauna típica de los cajeros automáticos es el/la que no se sabe la clave de la tarjeta de débito, los primeros o últimos dos números de la cedula o ambas dos mutuas inclusive. Su tiempo en el cajero se compara con el primero de esta lista, e incluso llega a molestarse en sumo grado cuando la pantalla del cajero le indica de forma fría y calculadora: "TRANSACCIÓN HA SIDO CANCELADA", por lo que debe repetir el proceso una y otra vez. Una variante de este grupito es aquella que al momento de insertar la tarjeta y la pantalla le dice: "introduzca su clave secreta", empieza a sufrir y a vaciar la cartera y/o bolso (según sea el género) buscando el bendito papelito donde tiene anotado el número de clave secreta, corriendo el riesgo de que la pantalla indique nuevamente "TRANSACCIÓN HA SIDO CANCELADA". Pero el vía crucis no termina allí….una vez que el sistema le pide "Introduzca los dos primeros (o los dos últimos) dígitos de su cedula de identidad", empieza la desesperación nuevamente por encontrar el bendito documento de identificación. Aquí pienso para mis adentros y digo…Calma piojo que la noche es larga….

Están aquellos que en el preciso instante que tienen en pantalla las opciones de retiro (léase, 50, 100, 200 o mas bolívares) empiezan a sacar cuentas del monto que necesitan sacar…y los escuchas que es lo peor!!! A ver….el cable, las entradas del cine, el mercadito de mañana…mmmmm, ¿que mas? Y miran pal techo con el ceño fruncido…ya mi tensión arterial paso de 11/7 a 14/12 de golpe y porrazo!!!

Están los despistados que confunden la cola para operaciones en taquilla con la cola para el cajero automático, pero se dan cuenta dos horas después….sin comentarios.

Y por último pero no menos importante, está el grupito de seres, que reúnen todo lo anteriormente expuesto. Una vez finalizada interacción hombre-maquina…ya con los reales en el bolsillo y 50 recibos de consulta perfectamente cotejados, no conforme, se ponen a darle a cuanta tecla encuentre en el cajero, como si fuese a escribir una tesis doctoral. Creo que piensan que al siguiente en la cola, la maquina le va a dispensar dinero con la clave de él o algo así, entonces se aseguran de que semejante acto no ocurra.

Aunque Uds. no lo crean, esto sucede con más frecuencia de lo que uno piensa. Yo particularmente, les estoy escribiendo esto con mi teléfono, desde la comandancia de la policía…..¿Razón?...le partí la jeta al carajo que estaba delante mío porque al momento de su turno, se percató que no tenía la billetera y llamó a su esposa que estaba en la feria de comida del centro comercial, pero era incapaz de cederle el turno al resto, hasta que llegase la esposa. Lo que más me molesta, es que ya había reservado las entradas para el cine por internet y por estar aquí en la policía, me voy a perder la película.

Las Bodas

Una boda como ritual social, es a mi juicio, la expresión inicial y mas visible de esa gran institución que es el matrimonio, y representa el momento cumbre de una relación entre dos personas, pues se asume que para llegar a este nivel debe haber un proyecto de vida con el que ambas partes comulguen, de lo contrario están condenados a un divorcio seguro a la vuelta de la esquina, aunque esa esquina puede estar a tres cuadras llaneras o 5 años dependiendo de que intereses estén en juego y que diga el acuerdo prenupcial.

No voy a escribirles sobre el matrimonio, porque no creo que sea la persona mas indicada para comentar sobre ello, pero creo que si puedo decirles unas cuantas cosas en relación a las bodas, porque me he vacilado unas cuantas a lo largo de mi vida, y es que una boda, ya sea de un familiar o un amigo, implica una logística, tanto para los novios como para los invitados, y que por muy sencilla o espectacular que sea, siempre va a haber comentarios durante la boda, a la semana siguiente y al mes entrante...

Todo comienza, con el "Si, Acepto" por parte de la novia. La formulación de la gran pregunta, puede suceder en un restaurante todo uff-wow-ultra wow, en una arepera, en la playa, en un concierto, montado en un parapente, en la cima del monte Kilimanjaro o por mensajito de texto, dependiendo de la creatividad y holgura económica del individuo que formula la pregunta. Después de ese momento, vienen lagrimas, besos apasionados, sonrisas, gritos de alegría, abrazos, mas lagrimas y aplausos (solo si estas en un restaurante o en un lugar cundido e´ gente).

Después de esto y por un breve periodo de tiempo, el novio pasa a un segundo plano, pues la novia, en un ataque de locura, llama a la mamá, a las hermanas, la mejor amiga, y a cuanta persona se le ocurra para decir......"Pepito me pidió Matrimoooooooonio!!!!"

Ya pasada la efervescencia del momento, empieza la cosa a ponerse buena, pues empieza la planificación del magno evento, ya saben…el vestido de la novia, la iglesia, fecha de la boda, lugar de la recepción, las invitaciones, el whisky, la orquesta, los tequeños, el fotógrafo, despedida de soltera y soltero, en fin….

Pero vamos a pensar, que todo lo anteriormente expuesto ya fue solventado, gracias al trabajo mancomunado del novio, novia, padrino, madrina, suegros y demases. Ahora quiero que vayamos de un solo tajo al día del evento….

Si bien la tarjeta de invitación dice, "Hora: 8:00pm", siempre hay un carajo que llega a las 6:00pm, "por si acaso", "tu, sabes…conseguir puesto en esta zona es un peo". Empiezan a llegar los familiares y amigos, se ubican conforme van encontrando puesto dentro de la iglesia. Los solteros y solteras empiezan a echar un ojo, a ver a quien pillan, de manera de iniciar una conversa y con quien bailar buena parte de la noche. Llega María Fernanda, amiga de la novia y quien va a cantar el Ave María, toda sobria ella…y pensar que estaba bailando con el stripper (o encima de él) el día de la despedida de soltera de la novia….bueno, eso pasa en las mejores familias….

Llegan los pajecitos, que son los primitos, sobrinos o hijos de amigos, y que por alguna razón, son escogidos los carajitos mas inquietos y a los que hay que pelarles los ojos o decirles a cada rato: "Cooooño Julián, no te quites los zapatos", "Marianita, déjate el vestido quieeeeeeeeeeeeeeeeeeeeto!!!!. A los padres de estas criaturas les digo: No le paren bolas!! Ya verán que a las 10pm ya cayeron de largo a largo entre 2 sillas o en los brazos de alguna tía solterona.

Los comentarios a lo largo de la ceremonia, no paran: "¿Marico, viste a María Eugenia?, está soltera y con lolas nuevas!!!", o "¿Quien es el carajo con quien vino Sandra?", o "Mira a Magally, ¿ese no es el mismo vestido que uso en la boda de la hija?"

Las mujeres siempre van a querer lucir un vestido nuevo para evitar caer en la lengua de las demás mujeres. Nosotros somos mas pragmáticos y no andamos con tanta guevonada, tenemos 2 o 3 trajes, 16 camisas y 3546 corbatas, ya lo demás es pura combinación!!

El novio llega apurado, con cara de emoción y susto (no sabe el peo en que se ha metido).

Llega la novia en los brazos de su padre, y empieza la cancioncita: taaaan-tan-taa-taaaan!! Que por cierto, tuvo que rebajar como 20 kgs pa´ponerse el vestido que tanto quería y que pesa una bola, aunado a que estuvo como 3 horas poniéndoselo y 20 personas asistiéndola.

La madrina ya le echó el ojo a uno de los amigos del novio. Lo que no sabe ella, es que él ya le puso el globo ocular a Marcela, la prima de la novia que vino desde Bogotá y que está como queso de dieta (léase, riiiiiiicota!!!).

El cura que oficia la vaina, echa un cuento de amor y dolor y dice al final: "los declaro marido y mujer". "Nos vemos en la rumba, porque también estoy invitado", dice.

Sale la caravana desde la iglesia hasta el club donde será la recepción. Nunca falta alguien que te pregunta: "¿Y sabes como llegar?, ¿Será que te sigo?"….anyway, igual llegará de ultimo porque se paró a echar gasolina en la vía….Después, en la fiesta, tiene las santas bolas de decirte: "coooño, se me perdieron!!"

Llegamos al Club y lo primero que hacemos es ubicarnos cerca de la mesa de quesos y embutidos.

Efectuamos el brindis de rigor….

A pesar de que tenemos mesas asignadas (ver tarjeta de invitación), al rato juntamos varias mesas para armar el grupo de jodedores.

También se da el caso de que nos toca la mesa con alguien extremadamente aburrido, insoportable o impertinente, por lo que a lo largo de la noche nos mudamos de mesa o nos convertimos en nómadas paseando de aqui pa´llá y de allá pa´cá.

No han pasado siquiera una hora y ya la primera botella de whisky se vino abajo. Estamos esperando al mesonero para que efectúe la reposición respectiva.

Empezó la música….la banda esta buenísima, tiene un repertorio genial

Cada tres canciones nos acercamos a la mesa de quesos, de embutidos, de dulces, de sushi, de helados y de cuanto grupo alimentario exista!! Ya repuestos….Volvemos al sarao!!!

Sacamos a bailar a nuestras respectivas parejas, primos y primas, amigos y amigas, tíos y tías, todos gozando un imperio!!! Siempre hay un primo o un tío en extremo jodedor que arma la jodedera dentro de la pista y se roba el show!!! Los novios full contentos!!!

Es tiempo de volver a las mesas. Siempre hay alguna invitada solterona a la que naaaaadie quiere sacar a bailar. Esta vez le tocó a Benita, una amiga muy querida de la novia, pero que está condenada a vestir santos. Si la sacas a bailar, pierdes….porque no te piensa soltar por nada del mundo. Y tu con las ganas de sacar a la prima que vino desde Bogotá antes que algún manganzón lo haga!!

Los mesoneros empiezan a servir los respectivos manjares: bolitas de carne, huevitos de codorniz con salsa rosada, bolas de toro envueltas con tocineta, pollo teriyaki y cordon blue de camarones. Y no conforme, armas una canilla con jamón, queso y salchichón de la mesa de embutidos y te la encaletas.

En fin…ya varias tías y/o primas están descalzas o sacaron los zapatos más cómodos pa´ seguir en la pachanga.

Ya un tío se rascó, pero no importa porque sus rascas le dan por quedarse dormido en la silla….

Por cierto…ya se acabó la segunda botella de whisky. Mesoneeeeeeeeeeroooooooooo!!!

La mesa de los compañeros de trabajo, en un mundo aparte, siguen con sus caras de culo y hablando de los peos de la oficina. A ellos les digo: bájenle dos por favor!!…

Los amigos del novio se reúnen con este y pactan no decir nada de la despedida de soltero. Lo que allí ocurrió….allí quedó. Lo que no saben ellos, es que la despedida de la novia fue más arrecha aun, una vaina digna de Wild On y que la stripper contratada para ellos se las cuadró la novia. Todas acuerdan no decirle nada. Ya saben...Primero muerta que divorciada y bañada en sangre.

El fotógrafo empieza a llamar a familiares y amigos para las fotos oficiales. Empieza la cola, son 2500 fotos o 500gb de memoria, lo que ocurra primero…

El animador de la fiesta invita a revisar debajo de las mesas, porque allí están los cotillones de la Hora Loca. Todos de nuevo a la pista, se arma el zafarrancho!! Entre canciones de Xuxa, la Conga de Montaner, Hombres G, Rock de los 60´s y demás ritmos los ánimos se encienden!!! La novia carga una vaina en la cabeza más parecida a un pavo real y el novio un sombrero de arlequín de 50 colores, parece que se van a caer de lo pesado que luce….

Mientras tanto, la solterona de Benita, con antifaz encima y más sola que colegio de noche, busca a algún incauto….

Finalizada la bailoterapia que representa la Hora Loca, llega el momento más importante de la noche, y es cuando llegan los tequeños!!! Es que boda no es boda si no hay tequeños!!!

Por muy austero o pipirisnais que sea el evento, siempre debe haber tequeños, de lo contrario sientes que algo faltó, no importa si el whisky tiene 300 años de añejamiento o que Lady Gaga y Bon Jovi canten en la fiesta, el tequeño, después de la novia…es la estrella.

La novia está más cansada que Jesús en Vía Crucis pero hace un llamado a las amigas solteras a que se acerquen a la pista, porque van a lanzar el bouquet. El primer chicharrón en llegar a la pista es Benita, la poca agraciada amiga, pero su arribo pasa sin pena ni gloria (grillos sonando y bolas de paja rodando). Cosa distinta fue cuando llegó Marcela, la prima de Bogotá, la cual se ganó los aplausos, vitoreos y piropos de los caballeros presentes…

Las solteras y solteronas se alistan en la pista como quien espera un remate de volley-ball….Entonces la novia lanza el bendito bouquet y zass!!!....

….lo agarró Marcela. Prácticamente, se armó otra hora loca entre los solteros, que estaban más asustados que chiguire en Semana Santa, por si acaso lo agarraba Benita, la cual se devuelve a la mesa con el rabo entre las piernas.

Le toca el turno a los solteros. El novio le retira el liguero a la novia y empieza el suplicio del lanzamiento, lo lanza, no lo lanza…nojoda!!! O lo lanzas o te lo quito a coñazo limpio!!!

Pero ocurrió lo impensable…..el liguero, que viaja por los aires viendo el bojote de manos tratando de alcanzarla, cae en las manos de Joaquín, el primo adolescente del novio, medio pánfilo, medio sádico, y como buen quinceañero, con las hormonas a millón. La cara de Marcela es un poema y ni hablar de los demás solteros que quieren desollarlo vivo.

Ya bien avanzada la noche, empiezan a servir arepas y hervido de gallina…los ñames de los asistentes no dan pa´más…Los novios se pierden y solo quedan los invitados.

Yo me voy para mi casa, no sin antes despedirme de Marcela, la cual ya me dió su teléfono y me dijo que va estar por estos lares por una semana más. Uish que berraco, vea!!!

Y mejor me voy rápido, porque ya vi por ahí que Benita anda como pajarito en grama buscando quien le da la cola…

EL MOMENTO…..

Cual pedrá e´ loco nuestro querido personaje va directo al toldo de la esquina donde su tocayo Maikel Jesús y le alquila minutos, y se dispone a llamar a sus primos….

….Repica….repica….repica……………….contestan:

(Guinkelman)….Aló quien vive….

(Maikel Jefferson)….eeeeeeeeeelga primo es Maikel Jefferson!!! Que pasóooo!!!

(Guinkelman)….Queeeeee fueee El mio!!!! Que dice, que cuenta, que siente!!!

(Maikel Jefferson)….eelga primo, necesito un favolcito suyo

(Guinkelman)….echa pa´ jueraa…..

(Maikel Jefferson)….toi guisando a una princesita de la "jai", pero necesito logística, ¿tu me entiendes?

(Guinkelman)….eeeeeeeeeeeeelga primo, buscando mejorar la raza!!!! Ya era hora que te dejaras de esa mujer que lo que hacia era chulearte….la tal Guibirivisneibiris……eeeeelga men, que nombre mas tierruo, ¿a quien se le ocurre?

(Guinkelman)….Dale primo, esta tarde paso por la casa y ajustamos cuentas….

(Maikel Jefferson)….Eso my friend!!! Viento pues!!!......(fin de la comunicación)

……….Ya en la tarde

Los primos se encuentran en la casa de Maikel, y se disponen a armar la "logística" necesaria para el magno evento.

El primo le dice que ropa ponerse, que corte de pelo usar, colonia, zapatos, y sobre todo…..cuanto real debes llevar.

……….por su parte

Pelusita no haya como decirle a Mafe, Maru y Sandris que esta noche se va a ver con su negrito. Como buena chica Jai, desayuna, almuerza y cena con el que dirán. Pero bueno…nuestra chica prepara su logística y ya verá si algún culo echa sangre.

……….Ya en la noche

Maikel Jefferson está listo pa´la parrilla. Con el look impuesto por el primo Guinkelman se siente predestinado, siente que en su cabeza solo suena la Marcha de Aida versión reggaetón y como diría David Summers: "Hoy algo me dice…que voy a pasármelo bien!"

Sin embargo, algo falta…..¿como carajo llego hasta allí? Se pregunta.

El primo Gualdisni, morocho de Guinkelman, le tiene la solución: La súper moto Bera con un aditamento bien particular: Un GPS Garmin donde no hay pérdida posible (salvo que te atraquen por supuesto!! Y llegues de vuelta al barrio mamando y loco, sin princesita y a pie!!!)

Tal es la emoción oculta de lado y lado que los tortolos se encuentran en un semáforo y ni se percatan uno del otro!!!

Nuestra párvula del Merici, como buena baquiana en la capitarrr, corta camino por calles y avenidas hasta que llega al Centro San Ignacio (CSI en lo sucesivo), lugar preferido por nuestras amiguis.

Por su parte, nuestro galán con el estilacho que lo caracteriza, le da 20 vueltas al CSI, sin darse cuenta que lo tiene en frente, ¡Porque resulta, sucede, ocurre y acontece que el piazo e´ dispositivo verga e´ triana Garmin se quedó sin batería y Maikel Jefferson quedó como un GPS!!…..es decir, Guevón Pidiendo Señal. Esto es lo que pasa por tirársela de exquisito y sofisticado (Que no quería pasar por montunito y le daba pena preguntar!!!).

Ya nuestras amiguis llegan al local y Pelusita anda dando mas vueltas que mamón en boca e´vieja buscando a su galán!!

Nuestro amigo pierde el glamour y decide preguntar a los transeúntes….
Eeeeelga menol, donde me queda el Centro San Innaiiicio???

A lo que el transeúnte le responde con cara de culo # 40: Lo tienes atrás pana….

La cara de pena no era normal, a lo que replica…gracias men, jejejeje, es que tenia tiempo que no venia, tu sabes!!...

Nuestro amigo camina con su nueva pinta cortesía de Guinkelman y Gualdisni y se cree Antonio Banderas o George Clooney, cuando está más cerca de Pedro Navaja que otra cosa… sin embargo lleno de una confianza nunca antes experimentada decide llamar a su princesita para saber donde anda….
….Repica….repica….repica……………..contestan:

(Sin dejar que hable): Aló amol, mira princesita…toi aquí en el San Innaiiicio, donde es el guateque…

Ella full glamour responde….Estamos aquí en ONE, donde andas?
El dice: toi celquita…ya llego!! (Mentira, anda buscando donde carajo estacionar la moto y luego a parir el local!!!)
15 minutos después, logra encontrar puesto pa´la moto y pasarle 20 veces por el local (el carajo buscaba un local llamado GUAN, pol Diosss!!!) logra entrar después de jalarle bola al de seguridad.

Cuando llega a la mesa, Mafe, Maru y Sandris lo ven como gallina que mira sal y voltean a ver a Pelusita, como queriendo decir…..¿QUE HACE ESTE AQUÍ?
Nuestra querida párvula agarra la botella de Vodka Nuvo (600 Bsf la gracia!!!) y agarra con la otra el brazo de Maikel Jefferson y se lo lleva a otra área del local bajo la mirada petrificada de las amiguis.

Ya en la otra área, le dice: ¿Has probado Nuvo? Este contesta: claaaaaaaaaaaro mi princesita, en el barrio la compramos por cajas y las encaletamos pa´las fiestas.

La cara de Pelusita era de……Dios mio, ¿que toi haciendo? Que dirá mi mami cuando se entere (ya dá por sentado que las amiguis le irán con el chisme a Polifonio y Helga).

Las horas pasan, las amiguis se desesperan, no encuentran a Pelusita por todo el CSI.

Ya cuando las amiguis se dan por vencido y deciden irse a sus respectivas casas, ya nuestros tortolos han paseado por medía Caracas en moto.
Parece que nuestro aprendiz de Pedro Navaja la botó de jonrón con la sifrinita….

El lunes en la universidad, las amiguis se reúnen en el cafetín y la acorralan cual intervención de un alcohólico o drogadicto…
AAAAAAAAAAAAAAAAH (Grito sifrino) Pelusita Pipirisnais Kreutzberger…se puede saber donde estuvo Ud. el sábado, que se nos perdió con ese, ese…ese…….ese personaje del cual no queremos nombrar.

Eeeeelga Amiguis (se le pegó la jerga del pana), nos juimos (y sigue la vaina) por allí, a ver la ciudad (con la sonrisa de oreja a oreja que no borra un saco e´ limones).

Marica, te fuiste con la botella de Nuvo y tuvimos que pagarla, o sea!!!
Aaaay Mafe, deja la ladilla, lo ocurrido este fin de semana me deja ufff, wow!!!
Pelusita, primero muerta que sencilla!!! Te perdimos!!! Esto lo sabrá el club!!!
Haz lo que quieras amiga, el domingo desayunamos en el club y se los presenté a mis padres.

Whaaaaaaaaaaat!!! Por favor Amigui. ¿Que dijeron Helga y Polifonio?

Bueeeeno, a mi mamá le dio un desmayo que duró horas y a mi padre contra todo pronóstico, le cayó bien el aspirante….

Lo que pueda pensar el club, me tiene sin cuidado…

¿Y piensas salir con el otra vez?, formula Mafe
Pues si, responde Pelusita…el próximo fin voy a la playa con el y con sus primos Winkelmann y Walt Disney (pronunciación bostoniana ante todo!!!)

¿Pero que pasóoooooooooooooooo?, cuéntanos, nos tenias preocupadisimasssss (Si , que jode!!!!)
Aaay Maru, paso de todo…vi cosas que no veía antes (Ay papá, aquí fue!!!)
Ay muchachas, dice Sandris…esto me huele a la canción del tal Juan Luis Guerra, aquella que habla del lino y de franela….
Pues no Sandris, creo que esta historia de amor se despide a ritmo de Bon Jovi cantando…."***Only God would know the reason, but i bet He must have a plan, you were born to be my baby and baby I was made….to be your man"***

NOTA FINAL: Creo que pudiese escribir una historia derivada sobre lo ocurrido con Genoveva o la aventura en la playa con los primos en la camionetica...amanecerá y veremos.

Las tarjetas de crédito

Desconozco el origen de esa herramienta perversa llamada Tarjeta de Crédito, tal y como la venimos conociendo en la actualidad. Pudiera especular al respecto...pudiera decir que se remonta a principios del siglo XX, o a mediados, que se yo!!!

Lo que si se, es que esta vaina, si no se usa con el debido respeto, hace que tus bolsillos se vacíen hasta niveles insospechados, debido a los intereses (ese otro oscuro invento!!!) que devengan dichas tarjetas.

Pero....a ver, a ver, "asegún" el uso o abuso que se vaya hacer, las tarjetas de crédito sirven para 3 vainas principalmente: como medio de pago, obtención de crédito y cancelación de otras deudas. Yo resumo estas tres funciones en una sola: Las tarjetas solo sirven para enchucarse, es decir, rasparlas sin compasión (definición aceptada por el DRAE).

Dicho acto de raspar la tarjeta sumado a las consecuencias de dicha raspazón se agrupan en lo que yo denomino, el efecto Enchuque. Hay otras denominaciones algo más radicales, como por ejemplo, la de mi amigo José Luis Sanguinetti, él lo llama Harakiri o Seppuku. El dueño de dicha tarjeta queda enchucao´ con las deudas más los respectivos intereses durante meses, años e incluso vidas enteras.

El bien adquirido se degrada, se daña, la tienda donde lo compraste cambió de ramo, el banco cambió de nombre, los carajitos crecieron, y la deuda sigue allí como el peñón de Gibraltar.

Y es que las vemos de diversos colores y denominaciones: Clásica, Gold, Platinum, Empresarial, Oro, International, Black, etc, etc, etc. Todo en función del musculo financiero que posea el tarjetahabiente. Y es que nos volvemos locos cuando la tenemos en nuestra cartera, nos creemos Odin en Asgard, la verga de Triana y el papá de los helados.

Pero en si…¿que son las tarjetas de crédito?...¿una ayuda?, ¿un mal necesario?, yo diría que son la representación financiera de la hombría masculina…y si no me creen, revisen los hombres sus tarjetas Visa y MasterCard, Ajá!!! Que ven…pues que mas!!!, lo mismo que yo: 2 bolas y una paloma!!! Y no conforme, dependiendo del número de tarjetas que poseas, das a entender que tienes mas bolas o mas palomas, y si eres exquisito, una paloma ilimitada o una paloma de oro.

Es que la bendita tarjeta nos saca la pata del barro cuando estamos cortos de efectivo, cuando nos antojamos de una vaina o queremos dar a entender delante de una mujer que somos un buen partido. Es que el carajo puede ser un raspicuí mas feo que pegarle a la mamá de uno, pero si tienes una tarjeta visa platinum, la mirada de la mujer cambia. Le estas diciendo a ella: mira la paloma que tengo!!!. El tarjetahabiente es considerado como una persona moral y económicamente solvente. Le confiere al usuario prestigio y confiabilidad….aunque seas un piazo e´verga!!!

La tarjeta ofrece crédito inmediato en cuanta verga e´ local medianamente serio existe en el país, para adquirir lo que te venga en gana, eso si!!!...ni se te ocurra la ordinariez de pagar con la platinum un perro caliente y un "fresco" porque te cacheteo!!! tierruo!!!!

Pero oooooooojo!!!, se pude dar el caso de locales que no acepten ni MasterCard ni Visa, por problemas con el banco emisor o por malas experiencias con tarjetahabientes, solo aceptan American Express...aquí no vale que tengas 2, 3 o 4 palomas de oro, platinum o como sea…solo si eres un cabeza e´gallo (léase, el centurión romano de la tarjeta), honrarás el local.

Eso si, esa gente de American Express son demasiado exquisitos. No has terminado de digerir el pescao´ frito con patacones y las 2 frescolitas que has pagado en esta tarjeta cuando te llega a la mesa otro cabeza e´gallo diciendo: PAGAME PERRO!!! Así son las cosas….

Entre las recomendaciones para un uso "inteligente" de las tarjetas de crédito, te dicen que compres solo lo necesario, pero como haces con la caraja con quien estas saliendo o estas empatado, cuando te dice: gooooooooooooooordo!!! Miiiiiivi!!! Paaaaaaapi!!! Mira ese traje de baño (una vaina hilo dental, que te da dentera con solo imaginarla con eso puesto el siguiente fin de semana!!). Ahí tienes que demostrar que tienes las dos bolas bien puestas (léase, la MasterCard al día!!)

Hay algunas personas que no tienen tarjetas de crédito porque el banco considera que no reúnen los requisitos mínimos, otras por el contrario, sin necesidad de pedirla, el banco les zampa la visa y la MasterCard con un límite bastante alto de un solo carajazo. En otras palabras, te convierten en hombre...De bolas, te asignan una paloma!! Por su parte a los nuevos tarjetahabientes de American Express, los llaman...MIEMBRO, que a efectos prácticos… es la misma miasma.

Cuantas veces no ha llegado a tu casa un motorizado diciendo: ¿Sr. Pepito? Firme aquí…tarjeta de crédito. Zasss!!! Que sabroso es ver tu nombre en relieve al pie de la tarjeta…te sientes importante, te sientes con Dios agarrado por la chiva, te sientes uff-wow-ultra wow!!

Sin embrago, yo comparo el hecho de recibir una tarjeta de crédito con convertirse en el Hombre Araña o Superman….Tu sabes, por aquello de que con un gran poder, viene una gran responsabilidad. No te vuelvas loco haciendo desastres con el plastiquito ese…no vaya a ser que el día menos esperado y con el mujeron al lado, te digan con el tono más frio:

…Disculpe Señor, su paloma no pasa.

Algunas ecuaciones básicas

- Playa + Lanchas + Mujeres en Traje de Baño + 2 carajos rapados con lentes de sol = Video de Reggaeton
- Novela (venezolana o mayamera) + Exteriores + Autopista + Carro deportivo + discusión = Se murió la villana y el galán queda herido
- Tu novia te dice: Quiero que conozcas a mi hermana/prima/mejor amiga = Preocupación + La hermana/prima/mejor amiga esta mas buena que tu novia
- Tu leyendo la prensa o viendo televisión + Novia y/o esposa diciendo: Paaaaaaapi!! / Gooooordo!!! / Miiiiiivi!!! / Bebéeeee!!! = Tarjetazo seguro
- Negación a lo anteriormente expuesto = Sofá por 3 días + Nada de Sexo por 2 semanas
- Jefe diciendo: ¿Que vas a hacer el fin de semana? = Adiós Playa/Pararse tarde/Adiós Parrillada + Arrechera
- Reunión Informal en café o restaurant + Novio y Novia + Cara de Póker (de él o de ella) = Peo a la vista + Descubrió tu contraseña del computador
- Empresa expropiada + 30 cuñetes de pintura roja = Transición chavista
- Ecuación masculina: El pregunta: Que te pasa + Ella responde: Nada = La vida sigue como si nada
- Ecuación Femenina: Ella pregunta: Que te pasa + El responde: Nada = 50.000 cálculos por segundo + Peo de dimensiones bíblicas
- Grupo de Hombres + Bar +Tragos = After Office / Despedida de Soltero
- Grupo de mujeres + Bar + Tragos = Sesión de Terapia para criticar al perro ese!!!
- Grupo de Hombres y Mujeres + Bar + Tragos = ¿De quien es esta panty?
- 2 carajos + lentes oscuros + guayas de oro + pseudo talento = Banda de Reggaeton
- Nerd + Libro = Búsqueda de Mayor Intelecto
- Miss + Libro = Búsqueda de una Postura Correcta
- Miss + Nerd + Libro = Clases de Oratoria
- Rubia + Bar Decadente + Greñuos = Video de Heavy Metal

- Cola + Arrechera + Cola + Hambre + Cola + Sol + Cola + Mosquitos + Cola + No hay punto de Venta = Carnaval y/o Semana Santa
- Estadio/Auditorio/Salón de Conferencias + Carajo con Flux + Gentío + Gritería = Pare de Sufrir
- Ser vil + Oscuro + Traicionero + Capaz de Sacarte los ojos = Abogado (El cuervo es solo un pajarito negro)
- Pepa e ´sol + Somnolencia + 12 del mediodía + Testigos de Jehová en tu puerta + Desayuno-Almuerzo a medio terminar = ES DOMINGO!!!!
- Campesina + Galán con nombre rebuscao´ + Mansión Arrechísima + Descapotado + Cachifas despampanantes + Piscina = Telenovela venezolano-mayamera
- Malandro + Cerro + Moto + Policía = Trama de Película venezolana ochentosa
- Tenemos que hablar = Está preñada + Me descubrió + Dejaste el teléfono en su casa
- Pareja + Primera vez juntos + Emoción + Kama Sutra - Morfina = Dolor de todo al día siguiente
- Mansión Arrechísima + Descapotado + Cachifas despampanantes + Piscina + Rumba + Crimen = CSI MIAMI
- Lumpia + Doritos = Chino y Nacho
- Lápiz + Papel + 2 minutos + Petición sexual = Canción de Reggaeton
- Ladilla + Sueño + Hambre + Cansancio = Lo que tengo en este momento. Buenas noches….

Un trailer de película

Del afamado director Atrabilario Umpierrez, llega a la pantalla grande "Medio pollo con dos arepas", basada en el libro homónimo del laureado escritor Gunther Cachazo Bocanegra, el mismo autor de la famosa trilogía de suspenso "Los hombres que no comían sancocho", "la jeva que soñaba con una arepa sin masa rellena con una hallaquita" y "La sifrina obstinada en la cola hacia Tucacas en Carnaval"

(Pantalla verde, textos en color blanco)

The following preview has been approved for ALL AUDIENCES by the mochon picchur asoseichon of America, Inc.

(Musiquita incidental compuesta por Jean Michel Jarré)

...Dame pal fresco Picchursss.... *(Logo en la pantalla)*

...Mamando y loco Producchonssss....*(Logo en la pantalla)*

Más vergataria que las novelas de Stieg Larsson!!!...***<u>Mas mejor</u>*** que "Los juegos del hambre" y "Quémese después de leer"...y protagonizada por Edgar Ramírez (Coño, hay que aprovechar la buena racha de este carajo!!!), cuenta la historia de Liborio, un carajo como tu, como yo, que un buen día decide no cocinar para el almuerzo y decide ir a la arepera "El Budare del Este" en Las Mercedes en búsqueda de su ansiado manjar.

La vaina va bien....y se pone mejor cuando entra en escena Pánfila (Norelys Rodríguez) y se queda viendo a Liborio mientras espera le tomen su pedido.

Cada quien toma su pedido y se van del local....ella en su vehículo y el en su moto.

(Sigue la musiquita de Jean Michel Jarré)

Lo que no saben es que sus vidas se verán cruzadas por el destino.... *(Caracteres en pantalla)*

Al llegar a sus casas se dan cuenta que sus pedidos fueron cambiados....*(Liborio tuvo que conformarse con una ensaladita de tomate y palmito y una miserable hallaquita de chicharrón mientras Pánfila se daba un banquetazo con el pedido de Liborio...)*

Ella...se ríe de la vaina, pero se lo come igualito!!

El...se muere de la arrechera...y del hambre, porque con esa miserable ración queda mirando lejos!!!

Se da cuenta que la factura está personalizada y ve con la mayor de las alegrías, el teléfono de Pánfila...

Decide llamarla....

Ella contesta.... *(Desvanecimiento en negro de la pantalla)*

Lo que no sabe Liborio es que Pánfila está casada con un policía de malas mañas y que le cae a coñazos a la pobre cuando a este le plazca... *(Aparece el carajo en bermudas, guardacamisa, y mocasines con medías cha-cha-cha con un periódico bajo el sobaco)*

Una serie de extraños acontecimientos se suceden cuando el esposo de Pánfila revisa su celular y se percata de la llamada...*(Escena con la cara del esposo con mirada de poker volteando lentamente hacia la sala...ella no lo ve)*

Intriga....Suspenso....Peligro....Acción *(Escenas de persecuciones en motos, discotecas decadentes, un camino en el bosque...aunque esta parte no se por qué aparece!!, un close up al gatillo de un arma de fuego a punto de ser disparado, explosiones...y la musiquita de Jean Michel Jarré)*

Medio pollo y dos arepas!!!...........no sabemos si fue el pedido completo de Liborio en la arepera…o lo que le dejó Pánfila.

PROXIMAMENTE *(Coño, vayan a verla…Edgar y Norelys no cobraron mucho, pero la mitad del presupuesto es pa´ pagarle al franchute de Jean Michel Jarré!!!)*

www.mediopollo-con-2arepas.com

Agapito

Dicen por ahí que todos los días sale un bolsa a la calle y que si lo encuentras, simplemente es tuyo…

Pues bien...ese día es hoy, y me toco a mí.

¿Quien coño me manda a salir temprano un domingo al supermercado?.

Esto de la puntualidad inglesa lo voy a revisar!! Porque me parece inaudito que mientras el resto de los mortales se para de la cama después del mediodía, yo, por alguna información cifrada en mi ADN, ando mirando pa´l techo al primer rayo de sol que sale por la ventana!!...No pué sé!!....pero eso es otra historia.

Pues si…el bolsa de turno, se llama Agapito y me lo encontré en el supermercado de los chinos que están cerca de mi casa.

Lo conozco desde hace varios años, y aclaro, que este señor no es lo que uno llama un gran amigo, solo un amigo o simplemente… un pana. Agapito entra en la categoría de un simple conocido, de esos que te presentan algunas veces en la vida y coinciden en el gimnasio, en alguna fiesta, en la farmacia o en mi infortunado caso, en el supermercado.

Hago nota mental de quitar de la alarma del teléfono los días domingo, para que este tipo de situaciones no vuelva a suceder. Honestamente no recuerdo cual fue la situación que sirvió de punto de inflexión para que Agapito sufriera toda esta animadversión de mi parte.

Fenotípicamente, el carajo llegó tarde a la repartición de atributos, por lo que tuvo que conformarse con una baja estatura, lentes culo e botella, pelo crespo tirando a chicharrón y una voz algo estridente.

Confieso que desde el momento que lo conocí hasta el sol de hoy, lo habré visto en no mas de 3 o 4 oportunidades, y en todas ellas, siempre se le observaba esquivo, parco, desconfiado, o como lo llaman en mi pueblo….capocho.

No conforme tenía un mal gusto para vestirse y sus hábitos higiénicos daban mucho que desear.

Pero un día, todo cambió….

Estaba yo por la calle y de repente escucho que me están saludando, a lo que volteo y no lograba aun identificar a mi interlocutor. Pues era el…Agapito!!!

Tuvo que identificarse para que yo hiciera el insight (algo tardío!!). El carajo era otro…mas abierto, te hablaba y te miraba a los ojos, su voz era más modulada.

¿Que pasó aquí, me preguntaba?. ¿En que universo estoy, donde Agapito es un ser, si se quiere mas convencional?

¿Seria una tendencia de la post modernidad como diría nuestro profesor Alberto Soria?. ¿Será que está loco, y en el país de los locos el cuerdo es el loco?...léase.. yo.

Chico, ¿Será que buscaba una nueva autenticidad, cambiando la percepción de si mismo? La vaina me puso a filosofar un rato, debo reconocer…

A la final quede estupefacto, debo decir con propiedad. Sin embargo esta situación despertó el Chelo Gómez…eh, perdón, el Sherlock Holmes que todos llevamos dentro. La intriga me comía!!!

Una vez iniciada la investigación, la cual duró varias semanas, descubrí muchas cosas: nuestro Agapito ahora salía a rumbear en las mejores discotecas, frecuentaba los mejores restaurantes, era invitado a inauguraciones de locales nocturnos.

Me preguntaba cual fue su punto de inflexión, que musa lo inspiró a dar ese salto a la transformación, a una nueva vida.

Parecía un mejor ser humano, se le veía mas jovial…y hasta mas joven. Reía, mantenía largas conversaciones de los temas más diversos. El que lo conozca hoy diría que es un hombre de mundo!!!

Tuve que hacer cosas que en mi vida pensé que haría, pero el morbo me dominaba. Me escabullí entre su patio y vi una noche en una de las ventanas de su casa.

Ejemplares de National Geographic dominaban su mesa de sala, así como libros de John Grisham, Osho y Kenzaburo Oe……vergación, dije!!!

A la final descubrí algo que me dejó en shock. Era tan obvio, que lo pasaba por alto, tal vez por el cambio radical que Agapito hizo en su actitud, que no observé el cambio físico…

Lo observado calzaba perfectamente en el dicho que reza: Todo pollino a final de cuentas, salta sobre el sendero gramíneo, o en un lenguaje más llano: a la final, la burra siempre brinca pa´l monte.

A la final dije que no saludaba a más nadie en ningún lado. La pinga!!! Después de esta experiencia, o me metía a monje tibetano con voto de silencio o pagaba un poco mas para que me trajeran el mercado a la casa.

…Este personaje que dio un giro de 360 grados, que parecía estar dándome una lección de vida, que me demostraba que se puede superar las adversidades…..

….no solo se pintaba el pelo!!, Susto!!

Bebía güisqui con "pecsi"…Esto es horroroso!!

Pero eso no era lo peor…

…También se cogía los rollos…..Fin de mundo!!

INDICE

www.ingramcontent.com/pod-product-compliance
Ingram Content Group UK Ltd.
Pitfield, Milton Keynes, MK11 3LW, UK
UKHW041926190726
13854UKWH00003B/1478

9 781291 036374